GILBERT SIMONDON
& A COMUNICAÇÃO MAQUÍNICA

Editora Appris Ltda.
1.ª Edição - Copyright© 2024 do autor
Direitos de Edição Reservados à Editora Appris Ltda.

Nenhuma parte desta obra poderá ser utilizada indevidamente, sem estar de acordo com a Lei nº 9.610/98. Se incorreções forem encontradas, serão de exclusiva responsabilidade de seus organizadores. Foi realizado o Depósito Legal na Fundação Biblioteca Nacional, de acordo com as Leis nᵒˢ 10.994, de 14/12/2004, e 12.192, de 14/01/2010.

Catalogação na Fonte
Elaborado por: Josefina A. S. Guedes
Bibliotecária CRB 9/870

P436g
2024
	Pereira, Demétrio Rocha
	    Gilbert Simondon e a comunicação maquínica / Demétrio Rocha Pereira.
	    – 1. ed. – Curitiba: Appris, 2024.
	    191 p. ; 23 cm. – (Coleção Ciências da Comunicação).
	
	    Inclui referências.
	    ISBN 978-65-250-7084-1
	
	    1. Comunicação. 2. Informação. 3. Individuação. 4. Semiótica. 5. Máquina.
	I. Pereira, Demétrio Rocha. II. Título. III. Série.
	
	                                                    CDD – 302.2

Livro de acordo com a normalização técnica da ABNT

Appris
editora

Editora e Livraria Appris Ltda.
Av. Manoel Ribas, 2265 – Mercês
Curitiba/PR – CEP: 80810-002
Tel. (41) 3156 - 4731
www.editoraappris.com.br

Printed in Brazil
Impresso no Brasil

Demétrio Rocha Pereira

GILBERT SIMONDON
& A COMUNICAÇÃO MAQUÍNICA

Appris editora

Curitiba, PR
2024

FICHA TÉCNICA

EDITORIAL — Augusto Coelho
Sara C. de Andrade Coelho

COMITÊ EDITORIAL — Ana El Achkar (Universo/RJ)
Andréa Barbosa Gouveia (UFPR)
Antonio Evangelista de Souza Netto (PUC-SP)
Belinda Cunha (UFPB)
Délton Winter de Carvalho (FMP)
Edson da Silva (UFVJM)
Eliete Correia dos Santos (UEPB)
Erineu Foerste (Ufes)
Fabiano Santos (UERJ-IESP)
Francinete Fernandes de Sousa (UEPB)
Francisco Carlos Duarte (PUCPR)
Francisco de Assis (Fiam-Faam-SP-Brasil)
Gláucia Figueiredo (UNIPAMPA/ UDELAR)
Jacques de Lima Ferreira (UNOESC)
Jean Carlos Gonçalves (UFPR)
José Wálter Nunes (UnB)
Junia de Vilhena (PUC-RIO)
Lucas Mesquita (UNILA)
Márcia Gonçalves (Unitau)
Maria Aparecida Barbosa (USP)
Maria Margarida de Andrade (Umack)
Marilda A. Behrens (PUCPR)
Marília Andrade Torales Campos (UFPR)
Marli Caetano
Patrícia L. Torres (PUCPR)
Paula Costa Mosca Macedo (UNIFESP)
Ramon Blanco (UNILA)
Roberta Ecleide Kelly (NEPE)
Roque Ismael da Costa Güllich (UFFS)
Sergio Gomes (UFRJ)
Tiago Gagliano Pinto Alberto (PUCPR)
Toni Reis (UP)
Valdomiro de Oliveira (UFPR)

SUPERVISORA EDITORIAL — Renata C. Lopes

PRODUÇÃO EDITORIAL — Daniela Nazario

REVISÃO — Viviane Maria Maffessoni

DIAGRAMAÇÃO — Amélia Lopes

CAPA — Kananda Ferreira

REVISÃO DE PROVA — William Rodrigues

COMITÊ CIENTÍFICO DA COLEÇÃO CIÊNCIAS DA COMUNICAÇÃO

DIREÇÃO CIENTÍFICA — Francisco de Assis (Fiam-Faam-SP-Brasil)

CONSULTORES — Ana Carolina Rocha Pessôa Temer (UFG-GO-Brasil)
Antonio Hohlfeldt (PUCRS-RS-Brasil)
Carlos Alberto Messeder Pereira (UFRJ-RJ-Brasil)
Cicilia M. Krohling Peruzzo (Umesp-SP-Brasil)
Janine Marques Passini Lucht (ESPM-RS-Brasil)
Jorge A. González (CEIICH-Unam-México)
Jorge Kanehide Ijuim (Ufsc-SC-Brasil)
José Marques de Melo (*In Memoriam*)
Juçara Brittes (Ufop-MG-Brasil)
Isabel Ferin Cunha (UC-Portugal)
Márcio Fernandes (Unicentro-PR-Brasil)
Maria Ataíde Malcher (UFPA-PA-Brasil)
Maria Berenice Machado (UFRGS-RS-Brasil)
Maria das Graças Targino (UFPI-PI-Brasil)
Maria Elisabete Antonioli (ESPM-SP-Brasil)
Marialva Carlos Barbosa (UFRJ-RJ-Brasil)
Osvando J. de Morais (Unesp-SP-Brasil)
Pierre Leroux (Iscea-UCO-França)
Rosa Maria Dalla Costa (UFPR-PR-Brasil)
Sandra Reimão (USP-SP-Brasil)
Sérgio Mattos (UFRB-BA-Brasil)
Thomas Tufte (RUC-Dinamarca)
Zélia Leal Adghirni (UnB-DF-Brasil)

APRESENTAÇÃO

A unidade que conviria a um livro sobre Simondon seria a unidade problemática de um artigo indefinido. O livro não constituiria um todo, e as suas regiões internas não admitiriam vínculos de subordinação. A leitura começaria em qualquer ponto, para abandonar-se e retomar-se em qualquer outro. Experimentaria, a cada vez, um corte de sentido imprevisto, contemporâneo à individuação mesma do texto, cuja forma hospedaria os germes da sua inevitável e incessante deformação. Quanto ao trabalho de escrita, exigiria a descrição de uma consistência de relâmpago, no que se afrontaria um risco duplo: fosse o risco de submeter a tensão a um equilíbrio rígido, fosse o risco de afundar sem volta em um agregado confuso de paixões, para lampejos não mais que escassos e intermitentes. Se este livro ainda cede demais a convenções acadêmicas, é por não ter reunido as condições de alcançar o que sugeria Alexandre — uma tese caleidoscópica, feito mosaico de movimentos sem direções privilegiadas. Lá onde possa suscitar o pensamento, em compensação, o livro será eco de uma amizade difusa, que se multiplica, se matiza e se diversifica, dentro e fora a cada vez.

D.R.P.

Porto Alegre, julho de 2024.

LISTA DE ABREVIAÇÕES

CI: *Communication et information: cours et conferences*
API: *L'amplification dans le processus d'information*
PM: *Perception et modulation*
CSP: *Curso sobre la percepción*
ILFI: *A individuação à luz das noções de forma e de informação*
ALG: *Alagmática*
FIP: *Forma, informação e potenciais*
NC: *Nota complementar sobre as consequências da noção de individuação*
IMIN: *Imagination et invention*
MEOT: *Du mode d'existence des objets techniques*
SF: *Sobre la filosofía*
STE: *Sur la techno-esthétique*

SUMÁRIO

1

INTRODUÇÃO 11

2

VIDA E OBRA DE GILBERT SIMONDON 21

2.1 Contexto científico e filosófico 24

2.2 Intercessores 27

2.3 Objeções e amplificações. 37

3

PRELÚDIOS PARA UM TENSIONAMENTO DA COMUNICAÇÃO 49

3.1 Catástrofe e recomeço: a singularidade como germe problemático 49

3.2 Da representação ao paradoxo: a informação como acontecimento. 60

3.3 Um demônio no intervalo: a metaestabilidade como retorno da afasia. 77

4

A COMUNICAÇÃO NA OBRA DE SIMONDON 91

4.1 Individuações física, vital e transindividual. 91

4.2 Ecologia, etologia e psicologia 108

4.2.1 O meio e o ritmo 109

4.2.2 O território e a máscara 112

4.2.3 O labirinto e a enciclopédia 116

5

SUPERFÍCIES DE TRANSDUTIVIDADE ABSOLUTA. 123

5.1 O hóspede transdutivo 123

5.2 Modulação, demodulação e indiscernibilidade 133

5.3 Traços de resistência 140

5.3.1 Sismografias de mão afásica: da tábua de semelhanças às flutuações do infinitivo 145

5.3.2 Resistência e reversibilidade em Straub-Huillet 154

6

CONSIDERAÇÕES FINAIS. 171

REFERÊNCIAS 179

INTRODUÇÃO

Coincidem em ato o limite e o ilimitado, se a comunicação reivindica mais que um conhecimento exterior sobre as coisas, mais que um encadeamento indefinido de pontos de vista sobre alguma matéria obscura cujo segredo não cessaria de recuar, de escapar ao rigor estritamente retroativo, indireto, relativo, da comunicação representativa. Experimentada em si, a comunicação não se detém durante o voo para representar estados de coisas ou de almas; ali onde descreve a sua consistência própria, ela corre sem limite de velocidade, sem mesmo sair do lugar. Mas essa sua consistência não lhe preexiste – precisa arrancar-se à afasia a cada tempo, caso a caso, mediante saturação de forças e não sem riscos.

Íamos entre as forças constitutivas da semiótica no Brasil quando ouvimos falar de Gilbert Simondon (1924-1989) como de um enigma por decifrar. Simondon irrompia como viabilizador de uma nova teoria da individuação, na qual o indivíduo se dizia um modo de ativação de potenciais e já não uma essência simples ou a réplica de uma forma. Essa contribuição envolvia uma concepção do ser como mudança ativa, o que deixava dispensar a oposição habitual entre ser e devir. Cada modo de existência se individuava como resposta a um problema, e os problemas nada tinham a ver com o acidente, o erro ou o obstáculo empírico; remetiam à experiência íntima de uma fissura, como de uma multidão não coincidente consigo mesma:

> [...] o mundo antes da ação não é apenas um mundo onde há uma barreira entre o sujeito e o escopo; é sobretudo um mundo que não coincide consigo mesmo, pois não pode ser visto de um único ponto de vista [...]; o sujeito antes da ação é tomado entre vários mundos, entre várias ordens; a ação é uma descoberta da significação dessa disparação [...] (ILFI, p. 313).

Nem paralisante, nem redutor de velocidade, um problema se afirmava condição preparatória do ato significativo. E, se um problema remetia a disparidades anteriores ao espaço da ação, já começávamos a intuir em que sentido a comunicação mergulharia na zona anoitecida do problemático: o pré-individual descrevia um acavalamento de planos incompatíveis, não comunicantes entre si. Relampeada por incidência comunicativa, uma certa ambiência de efeitos, apelidada "indivíduo-meio", tornaria durável o desnível entre os planos: "Não é por dominância de um dos conjuntos, coagindo os outros, que a ação se manifesta como organizadora; a ação é contemporânea da individuação pela qual esse conflito de planos se organiza em espaço" (ILFI, p. 313). Enquanto atividade operatória de individuação, a comunicação diria não uma imposição de ordem, mas a durabilidade de uma tensão entre ordens irredutíveis entre si.

Se a comunicação atende a necessidades específicas de uma teoria da individuação, com que proveito, inversamente, a filosofia de Simondon incide no curso corrente da comunicação? Como Simondon sugere conceber a comunicação?

Já seria bastante falsear a ideia habitual de uma comunicação entre termos individuados, assim um emissor e um receptor postulados como indivíduos preexistentes à operação comunicante. Simondon se encontrará invocando, por vezes, uma comunicação *interativa*, mas convirá resistirmos, então, à ideia de uma interação que relacionaria eu e tu, como A e B; um interacionismo simondoniano descreverá propagações de ondas entre termos independentes, ressoantes por efeito de um incidente problemático. Já uma escola sociológica da comunicação,[1] magistralmente desdobrada pelo primeiro cinema falado, se dava a examinar não somente as propagações de crenças, rumores e desejos, como também a redistribuição contínua de papéis subjetivos pelo incidente comunicativo, que só conheceria as verdades produzidas por seu jogo. Quando menos à primeira vista, não será ao nível dos problemas de sociabilidade que a comunicação vai pressentir a originalidade de Simondon. Haveria caso para dizer que esse filósofo elabora uma comunicação *reflexiva*, mas, desta vez, seria a ideia de reflexão que precisaria se desvincular de imagens como as do monólogo interior e da negatividade dialética, se o pré-individual é a realidade de um murmúrio acentrado e anônimo, o avesso mesmo de uma emanação subjetiva. Preparada ao nível pré-fenomênico, a comunicação precisará remontar dos efeitos às causas, como das formas às forças, lá onde não se pacificam vínculos de designação, de significação ou de correspondência.

---

[1] Para algumas das obras que concebem e que mais distintamente desenvolvem um viés interacionista da comunicação, consultaremos Park (1984), Mead (1972) e Goffman (1956).

*

Menção explícita, a comunicação acena às margens do texto de Simondon, a ponto mesmo de não figurar entre os 50 verbetes que Jean--Hughes Barthélémy (2013) seleciona para um glossário introdutório ao pensamento simondoniano. Sem se declarar, porém, ela se insinua em toda parte, bastando ver que Simondon encontra na cibernética uma inspiração teórica e um problema político, se a ciência da comunicação ali nascia para assegurar uma programação de populações e um controle do porvir. Caberá investigar a comunicação, portanto, não somente por sua evidenciação dispersa, recuperável às arestas do texto filosófico, mas também lá onde ela não se diz, pressuposta na construção de intercessores intelectuais e implicada aos níveis do estilo e do método.

Leitor dos pré-socráticos e do naturalismo de Lucrécio, Simodon aprecia fazer linha com forças imperceptíveis; do mergulho na matéria, volta com as mãos cheias não de grãos exteriores uns aos outros, mas de singularidades, ou germes de forma, e lhe parecerá mesmo que a coisa concreta, tanto mais apanhada em seu centro, mais descreve uma consistência comunicante. Paciência incansável de transvazar cada unidade aparente, até que a unidade se surpreenda inseparável de um deslizamento, de uma tensão comunicativa; o mais simples indivíduo físico implicará um intervalo de indecidibilidade e devolverá a imagem de um acoplamento, um composto – partícula descontínua *e* onda contínua. Como operação intervalar, a comunicação cumprirá vaivém entre níveis de realidade incomensuráveis, que jamais se resolveriam em nexos de equivalência, correspondência, dependência ou subsunção; a comunicação deixará dizer a consistência do diferente, enquanto tal.

Modifica-se profundamente, assim, a descrição do indivíduo. Já não basta dizer que os contornos das formas se projetam sobre uma matéria inerte, como tombassem feito cometas, impondo ordem a corpos carentes de sentido. A matéria não dá mais o conceito de uma disponibilidade abstrata – ela vai carregada de singularidades, germes de forma. A forma, por sua conta, não mais define um molde fixo, a exemplo de um código, um arquétipo ou uma fotografia; a forma será um corte movente, suscetível de deformação contínua. Matéria e forma se encontrarão, ambas, ao nível afetivo das relações de força.

Entre os extremos do inconsciente e da consciência, a afetividade imiscui um subconsciente maquínico, explicativo não somente das associações entre semelhantes, mas também, e sobretudo, daquelas "simpatias ou antipatias muito vivas [que] podem nascer entre seres muito diferentes" (ILFI, p. 370). A emoção vem cumprir, pois, "a relação entre o contínuo e o descontínuo puro, entre a consciência e a ação. Sem a afetividade e a emotividade, a consciência parece um epifenômeno, e a ação, uma sequência descontínua de consequências sem premissas" (ILFI, p. 368). É tão somente por intermédio da relação afetiva que o pensamento de Simondon se permite passar do fluxo ao corte; a afetividade, com efeito, é o que coloca a passagem no pensamento:

> Quando um sujeito quer exprimir seus estados internos, é a essa relação que ele recorre, por intermédio da afetividade, princípio da arte e de toda comunicação. Para caracterizar uma coisa exterior que não se pode mostrar, é pela afetividade que se passa da totalidade contínua do conhecimento à unidade singular do objeto a ser evocado, e isso é possível porque a afetividade está presente e disponível para instituir a relação. Toda associação de ideias passa por essa relação afetiva (ILFI, p. 235-236).

Consciência interior e coisa exterior, como o mais íntimo e o mais longínquo, coincidem aí no limite do que, não podendo jamais ser demonstrado, só pode ser evocado pela comunicação. A comunicação parece, então, fundada no afeto, mas suas fundações, desde então, começam a deslizar. De pronto, todo um conjunto de objeções se descortina – ou a relação afetiva não anda, de praxe, presidida por clichês, ideias feitas, fórmulas prontas?

*

Veremos que Simondon distingue três níveis de comunicação, entre os quais um nível dito inventivo. Mas a invenção não se oferece como um dado natural da comunicação; os seus potenciais precisam, a cada vez, extrair-se de compostos organizados, eixos de referência, finalidades pressupostas:

> O que é comum às três noções de adaptação, de boa forma e de espaço hodológico, é a noção de equilíbrio estável. Ora, o equilíbrio estável, aquele que é realizado quando todos

> os potenciais são atualizados num sistema, é precisamente
> o que supõe que nenhuma incompatibilidade existe, que
> o sistema está perfeitamente unificado porque todas as
> transformações possíveis foram realizadas. O sistema do
> equilíbrio estável é aquele que alcançou o maior grau de
> homogeneidade possível. Não pode de modo algum explicar
> a ação, pois ele é o sistema no qual nenhuma transformação
> é possível, já que todos os potenciais estão esgotados: ele
> é sistema morto (ILFI, p. 316-317).

É assimilada a uma ordem de equilíbrio, como à reprodução de um código, que a ciência da comunicação forja o seu esquema clássico, em atendimento às demandas das indústrias da telefonia e da guerra. Em contraface, a crítica da comunicação emerge como sintoma da perplexidade diante da conversão das massas ao fascismo, e uma resistência interna à comunicação começaria buscando a sua especificidade na descoberta dos meios técnicos como agentes de subjetivação coletiva; assim, o papel exercido, por exemplo, pelo rádio na Alemanha nazista. Se Simondon disputa uma descrição adequada da tecnicidade, é porque o fetiche e o medo da técnica lhe caem como duas faces de uma tecnologia social de domesticação das forças materiais. Não é a máquina técnica que escraviza o homem; são formações comunitárias que escravizam a vida e a máquina técnica. Dependente de uma indústria do espetáculo e de toda uma encenação de Estado, o fascismo recrutaria o rádio e o cinema, como viria a recrutar a televisão e a internet, mas a descrição desses meios não bastaria para descrever a biopolítica fascista.

Tampouco bastaria, a propósito, denunciar a mentira; uma ética da comunicação se decide não na verificabilidade de um conteúdo representado, mas no nível mesmo das modulações afetivas, se a individuação não passa sem mobilizar potenciais dramáticos: "Em sentido estrito, a individuação é de certa maneira uma solução de urgência, provisória, dramática" (ILFI, p. 318). Com efeito, o descerramento de uma comunicação inventiva supõe tanto um encontro catastrófico, ali onde a afetividade "coloca problemas em vez de resolvê-los" (ILFI, p. 240), quanto uma prova de solidão: "se Zaratustra não tivesse sentido aquela fraternidade absoluta e profunda com o equilibrista, ele não teria deixado a cidade para se refugiar na caverna no topo da montanha" (ILFI, p. 419). Precisando extrair-se da organização habitual da vida, um plano de pensamento chegará a se dizer *mais primitivo* do que as modalidades orgânica e física da individuação. Veremos que o primitivo, em Simondon, menos situa uma anterioridade cronológica do que modifica o sentido do tempo: a individuação física será pura potência de repetição, distensão instantânea de uma singularidade, enquanto a vida supõe uma lentificação, como a dilatação de uma resistência entre encontro e resposta. Embora se mantenha muito mais próximo da invenção científica do que de outros domínios de criação, Simondon não cessa de apreciar o pensamento estético como a atividade de um limite comum entre o primitivismo e o futurismo, o que nos suscitará confrontá-lo com resistências criativas em cinema, pintura e literatura. Explicativa de passagens entre díspares, a comunicação maquínica está inseparável de um deslizamento entre sistemas heterogêneos, e interessa amplificar o simondonismo, em qualquer caso, menos aderindo a seus termos ocasionais do que lançando a jogo os seus procedimentos, operações e ritmos. O método adequado a essa tarefa talvez remeta à destilação, que, de cada mistura, extrai as tendências embriagantes; em vez de aplicar-se sobre o objeto, o método se encaminha a alcançar uma zona de indiscernibilidade especular entre a operação traduzida e a operação tradutora, entre quem é dito e quem diz.

*

O livro se abre em quatro capítulos entre si ressoantes, mas cada qual constituindo uma zona problemática autônoma, admitindo-se uma ordenação casuística da leitura. Considerando que as teses de Simondon ganharam tradução brasileira somente em 2020, convinha que o capítulo 2 apresentasse uma breve biografia do autor, o contexto intelectual a que respondeu, as intercessões filosóficas que afluem no seu pensamento e algumas das mais pertinentes leituras póstumas que lhe têm sido dedicadas. Não deve surpreender que, à medida que se aproxima de retratar algo como um "estado da arte", na seção "Amplificações e objeções", o texto perca em vigor arqueológico o que ganha em boletim de atualidades (menções a lançamentos de livros, formações de redes de pesquisa, celebrações de congressos acadêmicos etc.), donde o capítulo nem sempre consiga prescindir de um fatigante compilado informativo, no sentido habitual da palavra. Ainda assim, não se deixam de acionar ali as forças de um simondonismo plurilinguista e multifacetado, povoado de tendências por desdobrar. Esperamos, com isso, não separar a assinatura autoral, ou a "individualidade" Simondon, dos encontros e afinidades com que ela terá se capacitado a falar em nome próprio.

O capítulo 3 aciona três dos conceitos mais frequentemente constelados à ideia de comunicação no texto simondoniano. Cada conceito prepara e desenvolve diferentes aspectos de uma resistência comunicante. A singularidade diz a realidade de um limiar inobservável, inextenso, que, de um só golpe, interrompe o funcionamento harmônico de um sistema e dispara um processo de individuação. Consideram-se processos de singularização nos domínios da criação poética, da fenomenologia e da semiótica peirceana, que sente a necessidade de postular a exterioridade absoluta de um objeto *dinâmico*, como de um impensado que só se pode pensar; a descontinuidade remete, assim, a um encontro provocativo de efeitos interpretantes, a exemplo das formas do sujeito e do objeto, que aparecerão não como princípios de investigação, mas como termos extremos de uma resolução de problema.

Essa passagem do informe à forma, como do caos ao sentido, se faz sentir pela ideia de informação. Mas recorre, como se sabe, que a ideia de informação designe uma aderência ao dado empírico, preparando condições para a ação previsível no mundo; a linguagem cotidiana identifica a informação, assim, às exigências de um condicionamento formal, como a imperativos de transmissão, referencialidade, organização e equilíbrio estrutural. Como resistisse a se absorver pela forma, o conceito fica marcado por um vício de origem, com o qual seu sentido permanece auto-contraditório: ora se pretende que a informação meça a incerteza de uma mensagem e assegure uma comunicação portadora de novidade; ora se pretende que a informação combata o ruído e assegure uma comunicação minimamente inteligível, vez que prevista em código. Explicitamos essa tensão interna questionando as premissas dualistas da teoria matemática da comunicação, da cibernética e da *Gestalttheorie*, nas quais a informação se diz ora quantitativa, ora neguentrópica, ora qualitativa. Desmontar o conceito de informação já será entreabrir uma analítica das modulações que, de um século para cá, passaram a administrar a vida em sociedade. Simondon se encontrará enfrentando, muito frequentemente, o hilemorfismo de Aristóteles, que apela à noção de forma para explicar a distinção dos seres. Ocorre que, em vez de fossilizado entre as ruínas do pensamento antigo, o hilemorfismo organiza o conceito de informação nascente no século XX, quando menos na sua versão cibernética, que anuncia a ciência da comunicação como uma ciência do controle. Pretensamente expressivo de uma razão técnica, o hilemorfismo assume, não raro de maneira declarada, a perspectiva sociológica de um senhor de escravos ou de um pastor de rebanhos. O equívoco cibernético não é mais ético do que teórico, se a ciência da comunicação ainda não concebe, aí, o sentido da informação eficaz, capaz de afetar e modificar o funcionamento de uma recepção qualquer. Em sentido maquínico, a informação implica migrações, mutações estruturais, *operações* – uma queda, um resfriamento, um avermelhamento, uma diminuição e um aumento. Simondon faz, com o conceito de informação, o que John Cage faz com o ato musical, que ali se libera dos gostos e desgostos do compositor, em proveito dos movimentos intensivos de uma imanência do sonoro, plano de um silêncio que só se pode escutar.

Terceira e última noção desdobrada no capítulo 3, a metaestabilidade conta entre as inspirações que Simondon empresta à física e à química para conceber sistemas que persistem em desequilíbrio, em vez de rematarem contornos definitivos. Trata-se de uma questão vital, se uma função expressa de mediocridade e de morte orienta os sistemas de equiparação e de correspondência, aos quais cumpre opor uma fonte de assimetria e de acaso criador. No que Simondon chama de *quase*-sistemas, o desequilíbrio não carece precipitar até descansar em chão estável. Consultamos Antonin Artaud para uma vontade de comunicação implacavelmente esquiva a objetivos como os de transmitir mensagens para uma audiência cativa, dominar os códigos da interação social ou, ainda, refletir consigo mesmo. Obstruída, forçada ao silêncio, a comunicação talvez encontre em Artaud a ocasião de nascer do seu avesso afásico, o seu lado de fora.

O capítulo 4 investiga em detalhe a maneira como a comunicação aparece na obra de Simondon. Privilegiam-se dois grandes textos: a tese principal, datada de 1958; e o *Cours sur la communication*, ministrado entre os anos de 1970 e 1971, na Universidade de Paris V. Esse escopo de leitura aspira a demonstrar que o interesse da comunicação ultrapassa o âmbito da célebre tese simondoniana sobre a tecnicidade. A comunicação se acha no coração mesmo de uma tese mais profunda acerca da individuação, algo que estava ainda por ser ressaltado na literatura de comentário sobre o autor. Detectadas as menções explícitas à comunicação na tese de doutoramento de Simondon, defendida em 1958, distingue-se uma atividade que, longe de concorrer para a transmissão de palavras de ordem, ziguezagueia entre incompatíveis e perpetua blocos ricos em tensão interna. Um viés semiótico aos poucos se vislumbra, enquanto a leitura da tese vai falseando descrições dualistas da individuação; sujeito e objeto se veem, então, como faces assimétricas de uma membrana comunicante, e a comunicação se surpreende condensando forças desde a solução cristalina, para uma atividade que não ocorre *no* tempo sem antes reivindicar uma potência de produção do tempo.

Se a tripartição físico-vital-psicossocial responde ao problema da individuação, o *Cours sur la communication* distingue mais explicitamente três níveis de comunicação – uma ecologia, uma etologia e uma psicologia. O primeiro nível sugere que a afecção sensível já recobre, no mais bruto intervalo entre contato e reação, uma zona "gnósica", pervagada de valores rítmicos e motivos expressivos. O segundo nível indaga afrontamentos territoriais, aí predominando os índices e os diálogos de interesse fático, mas também todo um processo de saturação qualitativa e de invenção expressiva, se a etologia não cessa de observar teatros ricos em simulações e dissimulações: o animal vai inseparável de máscaras de atrair e de repelir, de fascinação e de camuflagem... A capacidade de aprender refrões estrangeiros prepara, desde o animal, a passagem da etologia para a psicologia, em cujo nível a comunicação pensa sua diferença interna e sua pedagogia em potencial.

O capítulo 5 desenvolve as consequências de uma transdutividade absoluta da comunicação. Chamamos atenção para a irrupção dispersiva do pensamento transdutivo no século XX, quando uma lógica estranha aos métodos da dedução, da indução e da dialética vem inquietar a Física, a Química, a Medicina, a Meteorologia, a Eletrônica, a Psicologia do desenvolvimento infantil, a obra de arte. Procedendo de "próximo em próximo", a transdução evocaria a associação por contiguidade, não fosse instituinte de espacialidade, em vez de obediente a uma estrutura com vizinhanças e semelhanças previamente distribuídas. Será motor primeiro, mas não o único movimento de uma comunicação maquínica, que implicará um movimento de subtração intensiva, chamado modulação. Continuamente variável, a modulação já não será um molde fixo, a exemplo de um arquétipo, que enquadra um plano de pensamento; de uma fotografia, que enquadra um plano de luz; ou de um código, que enquadra um plano de composição. Entendemos o molde fixo como uma posição terminal, como o mais baixo dentre os infinitos graus da modulação; é tomando distância extrema dos fluxos transdutivos que a modulação se congela em inteligência binária.

Em tempo de afrontamento metodológico, investigamos a proposta simondoniana de complementar as ciências das estruturas, já difundidas e consolidadas, com uma ciência das operações, apelidada de *alagmática*.

Aqui, a atividade analítica se surpreende coincidente, e não posterior, à atividade sincrética da modulação. Dir-se-ia que, enquanto se deixava modular pelo pensamento transdutivo, nosso texto, em contrapartida, *demodulava* aquele pensamento. Uma vez considerada a concomitância entre movimento sincrético (corte) e movimento analítico (recorte), teremos reunido condições para sugerir um método de demodulação, para um mapeamento das margens afásicas de cada nível de comunicação. Inseparável de um processo de saturação estrutural, a alagmática nos devolve à crítica simondoniana ao esteticismo, como àquele ato voluntariamente inassimilável, complacente com o seu próprio hermetismo. Nesse ponto, parecia que a comunicação esbarrava no relativismo, se uma ética da integração, pretendendo submeter cada ato ao crivo da cultura, arriscava ajuizar a arte e esvaziá-la de sua necessidade, como a necessidade mesma de dar a perceber o imperceptível. Reportada a um compromisso de assimilação estrutural, a comunicação evocaria o crítico de cinema que, dizia Godard, traía os filmes para entregá-los ao inimigo, ou ao público. O problema do esteticismo, a rigor, perpassa todo o livro, cujos textos de chegada confrontam Simondon com alguns dos investimentos teóricos e poéticos que, ao longo do século XX, lograram tensionar e desmontar o funcionamento das semiologias significantes. Avizinham-se ali o rompimento da unidade significante por Louis Hjelmslev, cuja álgebra exaustiva libera uma multidão de figuras pré-fonemáticas, e o concretismo brasileiro, que, com Décio Pignatari, argumenta em favor da anarquia das associações icônicas. Considerada a tradução comunicacional que Roman Jakobson propõe para os distúrbios de afasia, sugerimos que a transdução opera em um limiar de contiguidade sem semelhança. Para uma apreciação dos traços de afasia, recorremos aos trabalhos de Henri Michaux, máquina de rabiscar que, saturada de forças vegetais, traça a linha tortuosa de um fora da comunicação, para um plano de variações moleculares e tribos de pequenas monstruosidades. Nosso último texto considera em que sentido uma resistência interna ao encadeamento cinematográfico descobre, em Danièle Huillet e Jean-Marie Straub, uma arte da desadaptação, na qual a impropriedade da memória e a necessidade da leitura disparam o nascimento, em ato, de um pensamento do fora.

2

VIDA E OBRA DE GILBERT SIMONDON

Enquanto vive, Simondon se folheia em fragmentos, começos. Escreve vazando compostos formados, fazendo mesmo questionar o que quer dizer *uma* vida, *uma* obra, *um*. Achando-se denotada uma coisa, prefere antes o artigo indefinido do que o substantivo estático. Passa lacunas sem escrever nem publicar, já que estuda com grande interesse uma porção de máquinas não verbais, a obra escrita constituindo para Simondon não a única nem a mais privilegiada deixa do pensamento:

> A espiritualidade não é somente aquilo que permanece, mas também aquilo que brilha no instante entre duas espessuras indefinidas de obscuridade e se oculta para sempre; o gesto desesperado, desconhecido, do escravo revoltado é espiritualidade como o livro de Horácio. A cultura dá muito peso à espiritualidade escrita, falada, exprimida, registrada. [...] Se aí não houvesse essa adesão luminosa ao presente, essa manifestação que dá ao instante um valor absoluto, que o consome em si mesmo, sensação, percepção e ação, não haveria significação da espiritualidade. A espiritualidade não é uma outra vida, e também não é a mesma vida; ela é outra e a mesma, ela é a significação da coerência do outro e do mesmo numa vida superior (ILFI, p. 374).

Entra os dias cuidando de afinações energéticas as mais diversas. Quando vai ao texto, suas teses buscam menos o livro do que a conferência, o curso, a aula, a carta. Não publica em vida uma admirável hipótese tecnoestética, onde se entrevê toda uma sensualidade dos acoplamentos maquínicos, pois a redação, jamais enviada, quisera endereçar em privado a Jacques Derrida.

Para aclamação crescente e continuada, defende e publica em 1958 a sua tese complementar, os demais trabalhos chegando ora particionados, ora póstumos. A tese principal de doutoramento sai inicialmente em metades separadas por vinte e cinco anos uma da outra. É a primeira delas, *L'individu et sa genèse physico-biologique*, editada em 1964, que impressiona e influencia Gilles Deleuze: entre séries disparatadas, imagens-cristal e modulações intensivas, essa outra filosofia voltará com frequência a equipar-se de Simondon, invocado como intercessor para novas lógicas do sentido e da sensação.

Simondon confia horas ao subterrâneo, onde se descerram passagens entre distintos saberes e disciplinas científicas. Oferece aulas estimadas e concorridas, mas seu endereço acadêmico faz a Filosofia visitante e, em seguida, conteúdo eletivo: uma vez na Universidade de Poitiers, outra na Sorbonne, ele vai pelos corredores da Psicologia, então cindida entre um behaviorismo utilitário e uma clínica do significado recalcado.[2] Colhe aí lições numerosas e levanta problemas que permitem articular o empirismo dos fisiólogos à tríade linguística de Lacan. Sem aderir nem refutar, faz rotas enciclopédicas entre perspectivas dificilmente conciliáveis, como se traçasse o percurso mesmo de uma vontade comunicante.

Escassos ainda os documentos que nos chegam sobre a vida de Simondon, a imaginação não custa a entreter a hipótese de que o seu *signature move* – falsear a dicotomia entre ciências da natureza e ciências da cultura – prolonga lembranças de um cenário pastoril recortado por metalúrgicas e minas de carvão. Relatos biográficos costumam recorrer a um breve texto redigido por sua filha Nathalie[3], ao qual se ajunta, em 2013, o filme *Simondon du désert*, realizado por François Lagarde e Pascal Chabot.[4] Dessas fontes, sabemos que Simondon nasceu em 2 de outubro de 1924, na cidade de Saint-Étienne, para abrir uma infância sensível à vida animal e atenta à maquinaria agrícola, o tino para a pesquisa estimulado pela forte amizade com o tio Antoine. Trabalhador nas minas e sem instrução formal, teria sido por temperamento metódico que Antoine capacitara-se sozinho a ler os funcionamentos das palavras e das máquinas técnicas, compondo ele a audiência crítica das primeiras impressões filosóficas do sobrinho, que da escola trazia notícias de um certo discurso sobre o método e argumentos pelo valor heurístico da lógica.

A tempo do liceu, o ensino médio francês, Simondon inclina-se para a Filosofia, contra as aspirações do pai, que o enxergava politécnico. Em 1945, ingressa no ensino superior em Paris, onde tem aulas com Mau-

---

[2] "A dimensão filosófica de seu trabalho se torna uma desvantagem quando a psicologia se emancipa fechando-se em paradigmas estreitos. Em 1968, a obrigatoriedade das disciplinas de psicologia é eliminada para os estudantes de filosofia, desertificando o terreno onde ele recrutava seus discípulos. Seus colegas experimentalistas adotam uma postura behaviorista, o que acentua o conflito com outros tipos acadêmicos – clínicos, psicanalistas etc. – e os torna hostis à concepção enciclopédica que Simondon defendia" (Bontems, 2017, p. 39).

[3] Disponível em: http://gilbert.simondon.fr/content/biographie. Acesso em: 10 set. 2024.

[4] Disponível em: https://www.youtube.com/watch?v=J07XTXrpw3o. Acesso em: 10 set. 2024.

rice Merleau-Ponty, Jean Hyppolite e Jean Wahl. Orientado por Martial Guéroult, escreve dissertação sobre a unidade do tempo na Filosofia pré-socrática. Passa ao estudo da Física, especializa-se em Mineralogia e Psicofisiologia. Ainda não fez 30 anos, quando leciona no liceu a Filosofia, o Grego, o Latim e a Literatura. Adquire uma licença em Psicologia para ser admitido como professor na Universidade de Poitiers, onde fica de 1955 a 1963. Despontam aí as suas duas grandes teses, ambas defendidas em 1958.

Orientada por Hyppolite, a tese principal intitula-se *L'individuation à la lumière de las notions de forme et d'information* (ILFI) e sustenta-se em banca composta por Raymond Aron, Paul Ricœur, Paul Fraisse e Georges Canguilhem, este último sendo o orientador da tese complementar de Simondon, chamada *Du mode d'existence des objets techniques* (MEOT). Publicada de imediato, a tese complementar chama a atenção de Jean Baudrillard e de Herbert Marcuse, e Simondon ganha reputação de pensador da técnica, ficando eclipsada a tese sobre a individuação.

Em 1962, destaca-se como organizador do Colóquio de Royaumont em torno do conceito de informação, ocasião em que introduz um artigo de Norbert Wiener sobre a relação homem-máquina. Preenche a década elaborando cursos que consolidam pesquisas de fôlego sobre faculdades como a imaginação e a percepção. Concebe nesse período um diagrama para o desdobramento divergente das ciências segundo um jogo tensivo de três tendências: uma tendência antiga para o saber, governada pela contemplação aristocrática; uma tendência clássica para o agir, governada pela eficiência burguesa; e uma tendência moderna para o poder, com que o pensamento vira expressão de forças moleculares.[5]

Mantém-se discrição quanto aos problemas de saúde que terão interrompido a carreira de Simondon. Sua filha Nathalie menciona graves dificuldades que o acometem em meados da década de 1970, enquanto o filósofo ainda ministra cursos e participa de eventos. Simondon oferece um último curso em 1977, mas as aulas seguem até 1983. No filme *Simondon du désert*, Anne Fagot-Largeault relata ter encontrado o amigo adoecido ainda em 1971.

---

[5] A terceira parte de MEOT prolifera tríades enquanto uma primitiva unidade mágica vai se rompendo em figurações atuais e fundo cósmico. Os textos preparatórios para MEOT já anunciavam essa lógica triádica, a tecnicidade então sugerindo uma transversal neutra, capaz de relacionar o universal positivo do saber científico e o universal negativo da ação ética: "Esta relação não é dialética: a ciência e a moral não se apagam frente à técnica e não são negadas ou substituídas nem sequer superadas por ela: a ciência e a moral não devem negar-se ou sequer enfrentar-se para serem substituídas por uma síntese que seria a técnica; pois a relação que é a técnica é contemporânea dos termos entre os quais se estabelece; é a trialidade que é primeira" (SF, p. 411).

Uma semana após a morte de Simondon, em 7 de fevereiro de 1989, publica-se a segunda parte de sua tese, intitulada *L'individuation psychique et collective*. A edição integral da tese chega na França apenas em 2005, volume que mais consultamos antes da primeira tradução brasileira, disponibilizada em 2020. Desde a publicação integral da tese no começo do século, começam a ser publicadas coleções de textos e diversos cursos, dentre os quais aquele sobre a comunicação, elaborado entre 1970 e 1971 e reunido em livro no ano de 2010.

2.1 Contexto científico e filosófico

Não que o contexto determine o pensamento; já Bergson (2014) rechaçava a presunção de que a filosofia se contentaria seja com rearranjar as peças de um conhecimento disponível, seja com fazer uma grande síntese de descobertas dispersas em disciplinas particulares. A descrição de um contexto importa como um mapa das forças às quais uma filosofia levanta resistência.

François Dosse (1993) lembra do contexto intelectual francês dos anos 1950 por ares que, carregados da ontologia de Heidegger, sopravam do existencialismo de Sartre para a fenomenologia pós-husserliana de Merleau-Ponty. Dosse (1993, p. 23) retrata Sartre como "figura tutelar dos intelectuais do pós-guerra", capaz de formular uma filosofia articulada à vida nas ruas, mas cujo refúgio tardio no stalinismo daria sintoma, segundo o historiador, de apolitismo. Uma visada em retrospecto hoje veria o legado existencialista persistir não apenas na figura de Sartre, como também, e talvez sobretudo, nos vetores de liberação viabilizados e perpetuados em Simone de Beauvoir e Frantz Fanon. Quando comenta a onda existencialista, Simondon diagnostica não tanto algum apolitismo quanto, bem ao contrário, os sintomas da guerra. Lembra, a propósito, que a intuição continuísta de Bergson[6] havia perdido inteligibilidade para uma juventude saída da prisão e dos campos de concentração. Entende o existencialismo como uma "filosofia de urgência":

> Para aqueles que tinham vinte anos em 1944, a filosofia existencial aparece como o único pensamento que não é um jogo, uma convenção, e que responde diretamente à expec-

---

[6] Barthélémy (2005) sabe ler em Simondon um continuador de Bergson, embora as menções diretas com frequência critiquem o pensador da duração por promover o contínuo *em detrimento* do descontínuo, o que Simondon reputa sintomático da paz em solo francês entre os 1870 e a Primeira Guerra.

tativa de uma geração que sofreu e que teve o sentimento de ter sido enganada por mitologias variadas (SF, p. 137).

Simondon ingressa na faculdade no último ano de uma guerra que havia inaugurado técnicas para cifrar e transmitir comandos. Enquanto defende suas teses, as ruas de Paris ainda esperam o maio de 1968, que estouraria dali a uma década. Essa janela entre o término da Segunda Guerra e a crise petrolífera de 1973, Hobsbawm (1995) chega a chamar de "era de ouro", consideradas a onda longa da História e a esperança marxista na emancipação pela indústria:

> [...] o terceiro quartel do século assinalou o fim dos sete ou oito milênios de história humana iniciados com a revolução da agricultura na Idade da Pedra, quando mais não fosse porque ele encerrou a longa era em que a maioria esmagadora da raça humana vivia plantando alimentos e pastoreando rebanhos (Hobsbawm, 1995, p. 18).

Em meio a um século catastrófico, uma fresta dourada, diz Hobsbawm, reabastecia as governanças globais com promessas de entendimento mútuo e progresso conjunto. Eram dias em que Marshall McLuhan vislumbrava uma aldeia global, irrompia uma zona franca na floresta amazônica e maquinava-se uma economia mundial integrada, transnacional, feita de ágeis fiações informáticas e movida por petróleo árabe, pelas cadeias do silício e por uma força de trabalho majoritariamente jovem, tropical e feminina.

Cara ao existencialismo, a negatividade dialética dissipa-se na França enquanto os conflitos armados ali esfriam, estourando então sobre a Indochina e a Argélia. Os movimentos pela independência argelina, aprofundados em maio de 1958, contribuiriam para o colapso do sistema parlamentarista da Quarta República, ao que a França responderia nomeando Charles de Gaulle para uma recém-criada presidência, que observará, em toda parte, a irrupção de processos de descolonização. A fenomenologia ganharia impulso nessa Europa que retomava confiança, mas já sem negligenciar as crises e as descontinuidades: Merleau-Ponty (2005, p. 139) se verá fundamentando o acoplamento reversível entre sujeito e mundo em uma carnalidade intercorporal, elementar, que "faz os órgãos de meu corpo entrarem em comunicação, fundando a transitividade de um corpo a outro".

Na década de 1950, Lévi-Strauss já terá retornado de aldeias brasileiras para consolidar a semiologia saussureana como um modelo de inteligibilidade universalizável em ciências humanas. Em uma de suas notas de teor enciclopédico, Simondon aprecia Lévi-Strauss como inventor de uma verdadeira socio*logia*, e a sua própria *alagmática* desejará completar o saber estrutural com uma teoria das operações e conversões entre estruturas: "a ciência das operações só pode ser atingida se a ciência das estruturas sente, do interior, os limites de seu próprio domínio" (ILFI, p. 562). Com efeito, o estruturalismo obedece a uma exigência comum a toda atividade rigorosamente científica, tal como definida por Bergson: a exigência de uma parada, de uma tomada fotográfica do tempo, para um conhecimento retroativo, observador de *estados* exteriores uns aos outros. Não é que o estruturalismo negligencie os intervalos, as passagens e as modificações de estrutura; é que ele diz ser impossível pensar a mudança em si, se toda ciência supõe uma separação irremediável entre o tempo fluido da experiência e o tempo sincrônico, sistematizante, da descrição inteligível. É bem como se o kantismo não parasse de inventar, a cada século, uma nova maneira de reservar, para o sujeito do juízo, os direitos sobre o conhecível; um saber estrutural só poderá acusar ingenuidade em ideias como as de uma imagem *direta* do tempo ou de uma descrição *pura*, suscitadas em Deleuze pelo signo cinematográfico.

Enquanto o estruturalismo desenha o contexto intelectual da França dos anos 1960, Simondon prefere avizinhar os saberes a partir da cibernética, teoria comunicacional em que vê a chance de traduzir uma estrutura em termos de "dinamismo finalizado". Na tardia e jamais enviada carta a Derrida, recorre a uma porção de persistências "tecnoestéticas": a arquitetura de uma ponte, o motor de um automóvel, o acoplamento vibratório entre musicista e instrumento. Experimenta um contexto profundamente tecnológico. Com a invenção do transistor em 1947, o silício passava a hospedar uma lógica miniaturizada em três terminais, daí surgindo os primeiros rádios portáteis, calculadoras de bolso e computadores domésticos. Simondon estuda minuciosamente as condições de transmissão dos sinais televisivos, que chegam às casas junto a máquinas de lavar, discos de vinil, fitas cassete, e dedica grande atenção a tríodos como o transistor, cujo esquema para modular sinais elétricos lhe convém como diagrama para a modulação de fluxos os mais diversos.

No início dos anos 1950, a química já sintetiza o estrogênio e a progesterona. Com a pílula anticoncepcional, avança um regime que Preciado (2018) chamaria de farmacopornográfico, aí onde a libido não é capturada sem abrir caminho para uma molecularização da sexualidade. Prêmio

GILBERT SIMONDON & A COMUNICAÇÃO MAQUÍNICA

Nobel em 1965, o bioquímico Jacques Monod recupera o existencialismo enquanto mobiliza a cibernética em nível molecular para descrever jogos informáticos entre acaso e necessidade, entre a capacidade de escolha e os ciclos de feedback. A década de 1970 encontra Edgar Morin desenvolvendo uma ampla epistemologia transdisciplinar que, baseada na teoria dos sistemas, falseia a causalidade linear em proveito de um pensamento capaz de implicar o heterogêneo numa comunidade complexa. Do final dessa década em diante, a física e a química não cansam de anunciar, com Ilya Prigogine e Isabelle Stengers (1984, p. 8), uma mutação epistemológica que aciona crucialmente a comunicação, tanto mais por conceito adequado a um descentramento: "Hoje o interesse está se deslocando da substância para a relação, para a comunicação, para o tempo".

Embora respondam com impressionante agilidade a problemas que inquietam as ciências da natureza até o fim do século e ainda agora, as teses de Simondon, faltando-lhes uma apreciação explícita dos agenciamentos discursivos, não encontram assento no banquete estruturalista. Para além de contar Lévi-Strauss entre os criadores do seu tempo, Simondon discute brevemente as teses de Jacques Lacan no curso *Imaginação e invenção*, onde argumenta que o símbolo, embora completo na tríade, já vai latente nas relações diádicas. Faz alusões velozes, tendendo a uma exposição irrefreável, mas de grande sobriedade e circunspecção.

2.2 Intercessores

Recorre que, em seus cursos e textos preparatórios, Simondon escave as premissas herdadas, as rupturas críticas, as fases de expansão e de recolhimento de um certo problema. Convém também aqui perguntar pelos movimentos obscuros que, desde longe, acabariam por prefigurar a sua filosofia. Para um mapa dos intercessores de pensamento de Simondon, decerto vale consultar suas duas grandes teses, mas também uma coleção de textos publicada apenas em 2016, sob o título *Sur la philosophie*. Ali se vê, muito especialmente, quanto Simondon estima a saturação dos encontros como uma etapa preparatória, que prefigura o nascimento da filosofia. Atribui o "milagre grego" ao alvoroço transcultural e ao zigue-zague cosmopolita afluentes nas cidades jônicas, "onde se encontravam navegantes, mercadores, arquitetos que expandiam sua atividade através do mundo mediterrâneo até os confins dos países bárbaros e os imprecisos limites do Oriente distante" (CP, p. 22). A filosofia não tem ponto de partida, mas emerge, em compensação, como de uma região propícia a hospedar movimentos estrangeiros, ali onde o pensamento devém inseparável das suas afinidades de migração.

Simondon acha-se bem entre os "fluidos", apelido que Platão empregava para troçar das cosmologias jônicas, que examinavam a diferenciação dos corpos a partir de elementos considerados primordiais. Mas uma fala desde a terra, a água, o ar ou o fogo estaria menos refém da superstição do que a pregação platônica pela imutabilidade das ideias. Simondon descreve os sábios de Mileto como fisiólogos, experimentadores e técnicos. Anota com nítida afeição as lições de Anaximandro (610 a.C. – 546 a.C.), uma delas sugerindo que a vida teria emergido no mar, onde enormes peixes teriam um dia hospedado, em suas bocas, o embrião da forma humana. "Princípio" é uma concepção assinada por Anaximandro, que já dispensa principiar por qualquer elemento individuado ou pretensamente conhecido; o princípio se diz ilimitado, sem-fim, do grego ápeiron, nome ancestral do pré-individual simondoniano.

Seus aliados mais íntimos não postulam qualquer oposição de princípio entre corpo e espírito; consideram o humano como um ser entre outros seres, como uma entre outras maneiras de ser. Simondon prolonga uma tradição que passa pelos epicuristas e atomistas, culminando em Lucrécio (94 a.C. – 50 a.C.), como em uma via expressa entre as sabedorias antigas e o impulso vital de Bergson. Lucrécio "possui o sentido da terra" (SF, p. 345), sentido esse frequentemente vinculado a uma concepção matriarcal do engendramento da vida. Na genealogia dos deuses cantada por Hesíodo, essa concepção matriarcal remonta ao mito de Gaia, que suscita em Lucrécio a ideia de uma natureza imanente, que não carece de uma função paterna para reivindicar o seu sentido:

> Ela é força da natureza antes que divindade pessoal, e nasce em segundo lugar, imediatamente depois de Caos. O aspecto matriarcal se volta a encontrar particularmente nisto: é sem a ajuda de nenhum elemento macho que ela engendra o Céu, as Montanhas e Ponto (o elemento marinho). [...] Da mesma maneira, Lucrécio não supõe que o homem foi fabricado por um Deus, senão engendrado diretamente pela terra, graças a um ventre unido ao solo mediante raízes, donde brotou o homem. O homem é então filho da terra (SF, p. 347)

Assim como a física de Anaximandro recusara um ponto de partida estável, o átomo de Lucrécio já não se descreve como partícula simples; o átomo é *semina rerum*, semente das coisas, molécula. Os menores elementos da natureza comportam diferença interna, capacidade de desdobramento, e é como se os antigos aí já vislumbrassem uma terra comunicatriz, produtora incessante de novas formas. Se as afinidades de percurso não se esgotam nessa antiguidade greco-latina, é que o percurso não cessa de variar, mas também porque os sábios naturalistas desdenham da ação – enquanto hipertrofia a percepção e se acautela contra a agitação e a intranquilidade da alma, a filosofia arrisca estancar na sabedoria contemplativa.

Aristóteles (384 a.C. – 322 a.C.) segue outro andamento ao classificar os seres e aconselhar Alexandre para a conquista do Oriente. Constitui intercessor central para Simondon, cuja teoria da individuação vem destituir as balizas do hilemorfismo aristotélico, sustentado em díades como matéria e forma. Será preciso denunciar toda uma política implícita na centralidade do método indutivo e nos princípios classificatórios, que consagrarão as distinções por gênero e espécie. Aristóteles recolhe, coleciona e examina sementes, mas a virtualidade nele se concebe imanente *ao ser particular individuado*. Enquanto não pensa as forças pré-individuais que o constituem, o indivíduo particular toma por modelo o homem adulto, urbanizado, senhor de escravos, ele quem conduz as forças da terra até alguma *função*. Seria a serviço de uma sociologia implícita que o hilemorfismo deixaria impensada a comunicação entre matéria e forma: a individuação fica, desde então, administrada e vigiada por quem observa de fora as matérias-primas e os resultados do trabalho, sem se engajar na atividade mesma de produção.

A teologia medieval aprecia que Aristóteles preencha o universo de seres, mas entretém problemas estranhos ao mundo grego. Pode um anjo estar em dois lugares ao mesmo tempo? Pode ele se mover de extremo a extremo, sem passar pelo meio? Um teólogo medieval já acharia inquietante que a palavra "ursa" designasse ora um animal, ora uma constelação; imaginemos o seu tormento diante da noção de *ser*, que parece compreender todos os diversos efeitos finitos da criação, mais a sua causa oculta. O ser se diz de Deus assim como se diz dos seres finitos? Quando um cristão afirma que "Deus é", é no mesmo sentido que um inseto é, que uma planta é, que uma rocha é?

Nesse contexto, a filosofia precisaria proceder com grande cautela se quisesse sugerir um ser de sentido *unívoco*, o que talvez ajude a explicar o apelido de Duns Scotus (1266-1308), o Doutor Sutil. É numa só voz, diz Duns Scotus, que o ser se diz. É ao mesmo tempo que o ser subsiste e existe; ele é, de uma só vez, menor que unidade (enquanto em si mesmo) e unidade (acidentalmente, em cada um de seus casos). Entre o criador e as criaturas, insinua-se um comunismo ou, se quisermos, uma série transdutiva. Nestas alturas, a forma de Deus ainda não terá morrido, mas já terá entrado no mundo. Decisivamente para Simondon, a pesquisa pela coisa única e indivisível culmina, com Duns Scotus, não no isolamento de um existente discreto, mas no signo perfeitamente adequado a seu objeto, no ato mesmo de distinguir uma diferença sem conteúdo comum ou compartilhado. Hecceidade será o conceito do indivíduo como acontecimento, a autoposição de uma singularidade, *isto*. Das hecceidades, Gilles Deleuze dirá, mais de meio milênio adiante: são individuações sem sujeito – assim a individuação de uma tempestade, de uma estação do ano, de uma hora do dia.

Curioso, nesse sentido, é como Simondon lê o *cogito* cartesiano. Talvez fosse de esperar que, amigado com a fluidez dos naturalistas, Simondon não encontrasse afinidade em Descartes (1596-1650), que encaminha uma proliferação universal de autômatos e engrenagens mecânicas, não sem que os seus mais detestáveis seguidores acabassem maltratando animais, considerados máquinas desalmadas, sem interioridade. Agora bem, a fórmula residual "penso, portanto sou" inventa a autoevidenciação de um maquinismo, assim um ato de conversão[7] que funda a contemporaneidade entre o infinitivo do duvidar e a autoposição de um duvidante, entre uma operação que não cessa de simular estrutura e uma estrutura que não cessa de operar. Dir-se-ia que Simondon lê o *cogito* como um ato de fala, o que deixa pistas para avizinhá-lo aos pragmatismos em teoria da linguagem. Compreende-se que Simondon credite a Descartes, pois, uma inflexão das ciências no sentido da ação, ainda que essa inflexão venha ao custo de ancorar o pensamento em uma primeira pessoa, como ao custo de subordinar o tempo ao espaço: "o símbolo próximo do eu encontra-se atrelado e assimilado ao eu. Assim procedendo, de próximo em próximo, Descartes atrela todo o conteúdo simbólico ao eu atual" (ILFI, p. 429). Não somente homogeneíza o espírito na coisa duvidante – Descartes também substancializa a coisa extensa. Intervalos e vazios são exorciza-

---

[7] "O *cogito* cartesiano se compreende melhor a partir da conversão de Santo Agostinho do que como um caso de silogismo. A renúncia a qualquer crédito outorgado aos sentidos e às opiniões antigamente recebidas prepara uma conversão, em Descartes como em Santo Agostinho; mas Descartes toma, do ato de conversão, apenas a fase preparatória" (SF, p. 233).

dos em proveito de um espaço contínuo e isótropo que, completamente preenchido por turbilhões, não deixa margem para a disparidade tensiva que, veremos, caracteriza a comunicação maquínica.

É como se os direitos de um maquinismo da comunicação se encontrassem, a cada tempo, recolocados a jogo, a exemplo mesmo da polêmica entre Descartes e Blaise Pascal (1623-1662), que sentira a necessidade vital de afirmar, contra o catolicismo instituído, a realidade absoluta do vácuo, assim um intervalo de não-comunicação, fronteira do pensamento com o irrespirável. Já a teologia aristotélica esbarrara na univocidade de Duns Scotus como em sua heresia interna, e não tardaria para que o dualismo cristão de Descartes se surpreendesse encobrindo a imanência radical. Spinoza (1632-1677) elabora um cartesianismo que, "inteiramente coerente" (SF, p. 361), já não reconhecerá distintos seres. A rigor, não somos seres; somos maneiras, ou modos de ser. Se os sábios pré-socráticos acentuavam a percepção, e se há pouco Descartes acentuava a ação, Spinoza seria aquele que viabilizaria uma inflexão dos saberes no sentido da produção. Teoria e prática aí coincidem, e a liberdade supera as funções com que Aristóteles pretendera identificar e hierarquizar os seres. Quando diz "gênese", Simondon aciona uma etimologia que remonta não mais a "origem/começo" do que a "criação/produção"; dizendo "natureza", vai com os jônicos, mas também com a natureza naturante de Spinoza.

Por significativos que sejam os aportes de Leibniz e Hume[8], um atalho a Kant esclarece muito especialmente como uma comunicação maquínica desequilibra edifícios dualistas para além do hilemorfismo, da escolástica e do cartesianismo. É que a comunicação, enquanto circuito tensivo entre incompatíveis, ainda não se pode intuir pela distância, a rigor intransponível em Kant, entre a sensibilidade e o entendimento. Essa distância suscitaria uma polêmica duradoura entre um conhecimento empirista (que isola realidades diacrônicas e abandona o pensamento ao nominalismo) e um conhecimento realista (que isola realidades sincrônicas e abandona a experiência à constatação de analogias e semelhanças estruturais):

---

[8] Laterce (2009, p. 86) desenvolve um "vínculo subentendido" entre Hume e Simondon para afirmar um humanismo técnico não-antropocêntrico que substitui a sujeição pela simbiose: "As duas influências se combinam: de Hume virá a colocação da relação em um papel de protagonista na composição dos seres e, de Kant, a noção de transcendental que, sem a centralidade subjetiva, ganha incrível semelhança com a força criativa que Simondon percebe na natureza e que nomeia de pré-individual."

> Kant procurou sintetizar essas duas concepções da comunicação entre as regiões do saber; resultou em um relativismo epistemológico; a sensibilidade é interpretada de maneira empirista; a razão, de maneira inatista; entre essas duas ordens está a atividade do esquematismo, cuja descrição permaneceu obscura em Kant, porque esse nível é precisamente o da comunicação do sujeito consigo mesmo, onde se efetua o progresso do saber. Kant reconheceu e localizou o problema da comunicação interna, da descoberta e da invenção; mas esse problema não foi, até hoje, realmente elucidado (CI, p. 132).

Uma comunicação maquínica guardaria, talvez, as chaves do entremeio obscuro entre a sensibilidade e o entendimento, entre o empírico e o transcendental, intervalo durante o qual ela elucidaria, ainda mais, o "progresso do saber", a descoberta e a invenção. Parece mesmo que, ao nível impensado dessa comunicação "interna", prepara-se uma alteração de premissas, isto é, uma modificação das formas apriorísticas do transcendental kantiano.

Com Marx (1818-1883), o pensamento se dirá exprimindo embates de forças, e as ciências se acentuarão no sentido da potência. Simondon chega a chamar de "dialética triádica" a sua própria teoria da relação[9], embora acautele-se contra toda dialética que alimente relação hostil entre ser e devir, entre o diferido e a diferença. Ali onde nutrida de um centro de negatividade, a dialética ainda receberia da escolástica as suas premissas éticas:

> [...] este pensamento escolástico, frente ao fracasso que sente ao querer classificar o pensamento transdutivo, e constatando que esse pensamento não é idêntico à norma do bem que ela se fixou e pela qual se define ao classificar-se em um dos grupos que gere seu dualismo, repele o pensamento transdutivo na classe daquilo que, não estando com ele, está então contra ele. Para as diferentes escolásticas, o pensamento transdutivo foi sempre heresia. E a heresia é expulsada mais que a oposição, pois o pensamento escolástico, que pretende ser o bem, aceita que o mal exista, e

---

[9] Em curso de propedêutica, que Simondon ministra na Universidade de Poitiers entre 1962 e 1963, serão numerosas as tríades: entre o saber positivo e o dever negativo, a linha neutra da técnica; entre a sabedoria ancestral e a automação eficiente, a potência anônima do proletariado etc. Esse curioso projeto é apresentado em *Ciencias de la naturaleza y ciencias del hombre* (SF, p. 209-307).

inclusive tem necessidade da realidade substancial do mal para estar seguro de representar o bem (SF, p. 432-433).

O pensamento oposicional se manteria referido à esfera geral da ação, e os embates de opostos encenar-se-iam sobre um campo de forças já individuado, isto é, polarizado. É mais abaixo, em uma zona mais incerta, que trabalharia a comunicação. Com frequência, essa zona aparecerá como aquela de um pensamento, a um só tempo, estético e ecológico, pensamento que

> [...] incorpora as forças, as qualidades, os caracteres de fundo que as técnicas deixam de lado; em lugar de subjetivá-las como faz o pensamento religioso ao universalizá-las, em lugar de objetivá-las fechando-as na ferramenta ou no instrumento, como faz o pensamento técnico, que opera sobre estruturas figurais dissociadas, o pensamento estético, permanecendo no intervalo entre a subjetivação religiosa e a objetificação técnica, se dá a concretizar as qualidades de fundo ao meio de estruturas técnicas (MEOT, p. 182).

No que diz respeito à incorporação de forças e qualidades de fundo, o pensamento estético será profundamente ecológico e, com isso, irredutível à obra de arte, definindo-se a estética como um *gesto* mediador: "todo gesto mediador é estético, mesmo e talvez essencialmente fora da obra de arte" (MEOT, p. 195). E quanto àquele gesto anônimo, porém, que "brilha no instante entre duas espessuras indefinidas de obscuridade e se oculta para sempre" (ILFI, p. 374)? Um gesto para sempre ocultado não seria um gesto sem interesse, perdido para a comunicação, gesto tombado num puro e irrevogável esquecimento?

Dir-se-ia que o gesto livre perpetua uma linha de fuga, uma linha de resistência à normalidade instituída, como se resguardasse uma face obscura, voltada para algo de inassimilável ao dado empírico. Daí a veemência de Deleuze (2016, p. 341), quando nos alerta que "a obra de arte não contém, estritamente, a menor informação", se a informação, de praxe, promete aderência ao dado. O ato artístico não raro assumirá a força da reza, da profecia, anúncio de uma "sinergia entre a normatividade constituinte e a normatividade constituída" (SF, p. 418), limite comum entre o porvir e o passado.

Enquanto recusa o pragmatismo utilitarista, Simondon não deixa sinais de haver considerado o pragmati*cis*mo de Charles S. Peirce (1839-1914), cuja lógica triádica resiste ao utilitarismo e antecipa a primazia de uma atividade estética que, vagante entre interações diádicas e hábitos de conduta, reparte-se incessantemente em determinação objetiva e interpretante mental. A difusão de Peirce na França deve muito às publicações de Gérard Deledalle a meados dos anos 1950, e sobretudo a partir dos anos 1970, quando os traços de Simondon começam a desbotar. Se leu o pragmaticismo de Peirce, não sabemos, mas é certo que acompanhou de perto a biossemiótica, chegando a mobilizar proficuamente, em seus cursos, os trabalhos de Jakob von Uexküll e de Thomas Sebeok.

No tocante ainda às relações entre resistência e filosofia, Simondon lembrará da maneira como Nietzsche (1844-1900) solapa a idolatria das formas e anuncia o crepúsculo não mais da forma de Deus do que da forma do homem. Evocando o Empédocles de Hölderlin,[10] o profeta nietzscheano toca ao oriente do vilarejo para aliar-se em festa com os bichos, a montanha e o sol. Veremos que um plano transindividual de pensamento se desdobra desde encontros que desadaptam o organismo vivo; os efeitos dessa ruptura se pressentem no desregramento emocional, que interrompe o encadeamento habitual, ou o "dinamismo finalizado" entre perceber e agir. Ocorre de um corpo achar-se vinculado[11] a hábitos associativos, corpo que deve experimentar, no desregramento emocional, um difícil espetáculo. Mais motivos para que a individuação coletiva não tenha nada a ver com a associação. Pelo contrário, e paradoxalmente, a invenção do transindividual supõe uma atividade *dissociativa*.

Nisso fica especialmente pronunciada a influência de Henri Bergson (1859-1941), para quem o hábito motor leva a um simples reconhecimento mecânico, desde já regido por ideias gerais e associações de semelhança: o herbívoro procura o capim *em geral*, sem dar por qualquer singularidade. O que um corpo perde em discernimento, o hábito lhe devolve em previsibilidade, sentimento de familiaridade, identidade de reação. Para um conhecimento atento, e já não mecânico, e para uma concepção singular, e já não genérica, será preciso acionar uma "memória verdadeira" (Berg-

---

[10] Atribui-se a Empédocles a concepção dos quatro elementos, e Hölderlin (2008, p. 299) nele encontra a intuição de uma Terra em perpétua metamorfose, atriz de uma mistura eficaz de forças, atratora implacável de personagens a quem são propícias zonas selváticas, sendo sempre à lava vulcânica que Empédocles retorna sem cessar: "Vivo esplendidamente, onde o pai Etna / Acolhedor, me oferece o cálice de fogo / Pleno até às bordas de espírito, coroado / De flores que ele mesmo cultivou" (Hölderlin, 2008, p. 299).

[11] Simondon faz questão de distinguir *rapport* e *relation*, e quis a sua primeira tradução brasileira verter *rapport* para "nexo". Se não acompanhamos essa solução, é porque "nexo" com frequência aparece para explicar as operações da alagmática, que reclamam distância, muito precisamente, da convencionalidade de *rapport*. Seguimos aqui as edições argentinas, que compreendem *rapport* como um "vínculo". Simondon também deixa pistas para lermos *rapport* como "associação".

son, 2011, p. 171), o que só se consegue por uma dissociação da ordem de presença: "o passado não é senão ideia, o presente é ídeo-motor" (Bergson, 2011, p. 72).

Simondon é bergsonista no elaborar um continuísmo desde encontros que envolvem crises, paragens, atrasos, recuperações de processos interrompidos. Entende que Bergson subordina o dualismo dicotômico a uma simultaneidade de vias divergentes, copresença traduzível à luz da substância única de Spinoza, "que se expressa numa infinidade de atributos infinitos; mas [em Bergson] a substância devém vida e evolução criadora, já que os atributos, em vez de serem paralelos, são *divergentes*" (CI, p. 330). Mais ainda, o filósofo da duração substitui a tendência spinozista de um ser que persevera em si pela tendência da vida de ir o mais longe possível: em vez de ascender até uma forma única, *a vida diverge a partir do comum*. O paralelismo entre instinto e inteligência dá lugar a três vias nas quais a vida se reparte sem cessar: via vegetal, via instintiva, via inteligente. Embora Simondon censure o desinteresse de Bergson pela ação prática e, alegadamente, confira maior importância às descontinuidades, uma leitura atenta às aproximações e distanciamentos entre essas duas filosofias deve saciar-se de surpreender implícito o bergsonismo na maneira como Simondon elabora problemas e, muito claramente, na inclinação mesma de pensar em termos de problemas e soluções. Uma comunicação maquínica não cessará de afrontar o virtual e de indagar as suas diversas modalidades de atualização. Leitor da teoria da forma da Gestalt, Simondon mobiliza o acoplamento figura-fundo para explicar como o pré-individual *defasa* de si. A sua tese complementar chega a traduzir uma série de oposições clássicas (particular-universal, objeto-sujeito, empirismo-realismo, prática-teoria) à luz do par gestaltiano figura-fundo. Mas, seja em arte, na técnica ou na filosofia, os extremos divergem a partir de uma zona problemática que não se confunde nem com a aparição figural, nem com o fundo universalizante.

Viemos mapeando as intercessões filosóficas afluentes em Simondon, mas as páginas desse filósofo decerto se ocupam, bem mais frequentemente, com a descoberta científica. Simondon trilha caminho estreito entre alternativas que o teriam levado seja a diluir a diferença entre filosofia e ciência, seja a subordiná-las entre si. Conhece a filosofia pela pesquisa da *physis* e a amizade com os elementos, seguro de que a sabedoria pré-socrática se alegraria de dispor da noção científica de metaestabilidade, que já não precisa escolher entre o caos insondável ou uma harmonia imóvel e inevolutiva. Simondon lê Gaston Bachelard (1884-1962), epistemólogo que afirma o realismo das relações, e encontra em Bruno de Solages (1895-1983) um analogismo que, melhor do que reconhecer semelhanças, institui dinamismos compossíveis.[12] O nome mais referido em sua tese principal é o de Louis de Broglie (1892-1987), que viabiliza, em mecânica quântica, a superação do dilema entre uma descrição ondulatória e uma descrição corpuscular da individualidade física. Acopla-se a partícula descontínua a uma onda contínua, do que Simondon conclui que

> [...] não há limite entre o indivíduo e sua atividade de relação; a relação é contemporânea do ser; ela faz parte do ser energeticamente e espacialmente. A relação existe, ao mesmo tempo que o ser, sob forma de campo, e o potencial que ela define é verdadeiro, não formal. [...] Responder-se-á que não se pode definir o potencial fora de um sistema; isso é verdade, mas precisamente pode ser que seja preciso postular que o indivíduo é um ser que só pode existir como indivíduo em relação com um real não individuado (ILFI, p. 207).

Na geração que precede logo a sua, tem professores em Jean Hyppolite (1907-1968), Georges Canguilhem (1904-1995) e Maurice Merleau-Ponty (1908-1961), a cuja memória dedica ILFI. É já saturado de intercessores, portanto, que Simondon recebe com entusiasmo a cibernética de Norbert Wiener (1894-1964), que prometeria uma comunicação transversal entre os saberes. Simondon não cessa de alertar, porém, para uma insuficiência crítica. No que equivale a comunicação ao controle, a cibernética encaminha uma escravização da máquina, tomada como meio para fins de domesticar as forças materiais:

> Se poderia chamar de filosofia autocrática das técnicas aquela que toma o conjunto técnico como um lugar em que se utilizam as máquinas para obter poder. A máquina é somente um meio, a finalidade é a conquista da natureza, a domesticação das forças naturais por meio de uma primeira escravização (MEOT, p. 144).

Comprometida com o objetivo declarado de exercer controle sobre o outro, a nascente ciência da comunicação aceitaria o juízo sociológico

---

[12] Andrea Bardin (2015) repara que essa concepção de analogia deriva da transcrição livre, por De Solages, de uma série de seminários realizada em 1943, onde encontra-se o professor Cazals de Fabel sugerindo que a relação analógica é produtora de similitude.

de que o poder provém do governante: "Norbert Wiener parece admitir um postulado de valores que não é necessário, a saber, que uma boa regulação homeostática é um fim último das sociedades, e o ideal que deve animar todo ato de governo" (MEOT, p. 151). A cibernética atualizaria, em termos tecnocráticos, a ambição platônica ao bom governo: "Tornada isoladamente, a tecnicidade tende a devir dominadora e a dar resposta a todos os problemas, como ela faz nos nossos dias, através do sistema da cibernética" (MEOT, p. 152). Ao mesmo tempo, a cibernética não deixa de anunciar uma cultura inventiva; e, se as ciências do século XIX puderam desmentir irreversivelmente a razoabilidade da exploração do trabalho, as ciências do feedback talvez permitissem ao século XX "tratar a teleologia como um mecanismo cognoscível e não definitivamente misterioso" (MEOT, p. 103). É justamente ao descrever e explicitar o domínio de uma programação dos corpos que a cibernética desmistifica o "prestígio incondicional da ideia de finalidade" (MEOT, p. 104).

Para uma cibernética crítica, interessará recuperar a elaboração do conceito de transindividual por Raymond Ruyer (1902-1987). Em seu *Néo-finalisme*, Ruyer (1952) contrapõe, aos encadeamentos causais "de próximo em próximo", a consciência vaga de um "sobrevoo a si", uma "equipotencialidade" que persistiria sem começo nem fim, no puro *self-enjoyment* de um tempo de "ucronia". É dessa obra que Deleuze e Guattari (1992), no seu trabalho último sobre a filosofia, tiram uma fórmula do *conceito*, ali descrito como "superfície absoluta de sobrevoo", transversal a-energética, adimensional, sem velocidade-limite nem referência a um ponto de vista exterior. Com Ruyer, a cibernética constata, de dentro, as insuficiências da comunicação representativa.

2.3 Objeções e amplificações

O *Centre International des Études Simondoniennes* (CIDES) escreve que o pensamento de Simondon, sem leitura que o acompanhe, atravessa um deserto entre 1960 e 1989. Terá influenciado lateralmente Herbert Marcuse e Jean Baudrillard, e autores como Edgar Morin e Bruno Latour assimilariam de Simondon aspectos que se mesclam, já sem força incidente, a outras correntes afluentes nas teses da complexidade e do ator-rede. Ainda antes de 1989, porém, a contribuição simondoniana se achará difundida, de maneira consistente e continuada, na obra de Gilles Deleuze.

Deleuze encontra em Simondon soluções singulares para conceber a diferença e fabricar conceitos a partir da descoberta científica. A partir de 1964, ano da publicação parcial da tese sobre a individuação, o simondonismo passa a operar explícita e implicitamente nos experimentos de Deleuze com séries disparatadas, singularidades pré-individuais, sistemas sinal-signo, cristais de tempo, modulações intensivas, afetividade material, acoplamentos maquínicos e *phylums* técnicos. Anne Sauvagnargues (2010, p. 246) estuda em detalhe esse encontro:

> O dispositivo simondoniano permite a Deleuze elaborar completamente sua teoria da criação: o pensamento surge sob a coerção de um signo, e surge como a resolução de um problema, isto é, materialmente, como descarga de energia potencial no seio de um sistema metaestável, em que o desequilíbrio se resolve produzindo a nova individuação.

Mas uma filosofia invoca intercessores segundo as suas necessidades, e não sem que cada termo comunicante passe por uma zona de mutação recíproca. As inflexões que Deleuze aporta a Simondon se evidenciam em sua resenha, amplamente apreciativa, de *L'individu et sa genèse physico-biologique*. Ali, Deleuze (2005a, p. 58) abre um breve parêntese para questionar "se, em sua ética, Simondon não restaura a forma de um Eu [*Moi*] que ele, entretanto, havia conjurado em sua teoria da disparidade ou do indivíduo concebido como ser defasado e polifasado". Hipótese inquietante, ainda antes de Simondon se nos apresentar por si. Veremos que, na ontogênese simondoniana, concorrem as fórmulas complementares de um ser mais-que-uno (inseparável de uma carga de potenciais) e de uma potência quase-una (tendente a se individuar), ambas percorridas por uma vontade de compatibilização entre forças moleculares e integrações molares, para uma potencialidade que se desdobre em atos eficazes, plurifuncionais, coletivamente pertinentes. Esse sentido ético talvez ajude a explicar a irrupção de uma clínica da angústia entre os capítulos da tese sobre a individuação, se é relativamente a um sujeito formado que o potencial ronda como excedente fantasmático insuportável: o sujeito aí sente que um caos dilacerante o convida a descobrir uma coerência ainda insuspeita, mas as potências apenas conturbam e adoecem o corpo que almeje integrá-las individualmente; o diagnóstico da angústia acusa a impaciência do sujeito que, já não suportando alastrar-se em reserva de potenciais, desejaria esgotar num só golpe a hora primitiva da pura espera, a afasia ilimitada que o espreita sem jamais se atualizar. Entre as reivindicações de Deleuze está preferir o "planômeno" ao "ecúmeno", e a fórmula célebre do *n-1* parece mesmo lançar-se para afugentar o ecumenismo. O último texto de Deleuze e Guattari (1992) só afirma um avizinhamento necessário entre diferentes domínios de criação – plano de imanência filosófico, plano de composição artístico, plano de referência científico – enquanto recusa integrá-los a uma totalidade.

Não raro se constatou e se pretendeu corrigir certas tendências ecumênicas em Simondon. Já a primeira monografia dedicada ao filósofo, datada de 1993, previne contra um "sentido que infla à medida que o pensamento em expansão perde de vista seus limites, sua própria singularidade, e que o real por inteiro parece se fazer racional" (Hottois, 1993, p. 133). A desconfiança de Gilbert Hottois (1993, p. 48) estará voltada contra algum imperialismo do simbólico: "o mundo e o tempo são intrinsecamente simbólicos, e mesmo simbólicos entre eles: o ser-devir é simbolização". Raramente lembrado entre as leituras consagradas como pioneiras, o professor português Adriano Duarte Rodrigues (1990) detalharia, no seu *Estratégias da Comunicação*, o processo de concretização descrito por Simondon, ali conduzido até a tese de uma tendência histórica para a logotécnica (diagrama fusional das ordens do discurso e da técnica).

Tendo em vista esse primeiro conjunto de leituras, já importa lembrar que a comunicação terá no símbolo um efeito resolutivo, e jamais um fundamento ou uma categoria geral que viria subsumir termos particulares. A intuição do pré-individual é a intuição de um nível de realidade antiteleológico, sem direções privilegiadas, intervalo de aleatoriedade que empresta ao símbolo um sentido irredutivelmente problemático. Com efeito, Simondon distancia a comunicação de todo dinamismo finalizado, como daquele destino do autômato mítico que

> [...] pode apenas adaptar-se de uma maneira convergente a um conjunto de condições, reduzindo mais e mais a distância existente entre sua ação e o escopo predeterminado; mas ele não realiza nenhuma verdadeira transdução, sendo a transdução o alargamento de um domínio inicialmente bastante restrito (ILFI, p. 234).

Se Simondon chega a predizer o sentido do desenvolvimento da técnica, é para observar uma tendência não para o automatismo, mas para um alargamento de margens de indeterminação, isto é, para um efetivo solapamento da previsibilidade.

Entre os mais difundidos continuadores de Simondon está Bernard Stiegler (1998), que viabiliza aproximações à noção derridiana de escritura. Stiegler entende a técnica como o motor impensado de um pensamento ocidental que, ensombrecido pelos mitos de Prometeu e de Epimeteu, se vê condenado a uma falta que o suplemento técnico vem preencher. Sobretudo nos trabalhos seguintes à trilogia *A técnica e o tempo*, Stiegler (2006, 2013) passa a alertar contra a automatização, a perda de singularidade e a proletarização crescentes, diagnósticos que vinculam a desindividuação à decadência espiritual. Há aí um conjunto de questões próprias às teses de Stiegler, como um platonismo que esse autor vai mesmo reivindicar, e vale escutá-lo quando escreve não ter encontrado em Simondon um pensamento político. Recente artigo de Diego Viana (2019, p. 538) responde a essa alegação de Stiegler, que pressupõe um desejo em falta: "o papel da afetivo-emotividade em Simondon é semelhante ao do desejo criador em filosofias que buscam inspiração em Spinoza, opondo-se à tradição do desejo como falta". Esse papel ativo e desejante da afetividade é também lembrado, embora menos detidamente, por Muriel Combes (2017). Uma leitura consequente das teses de Simondon levaria a uma formulação de problemas estranha à teoria política de Stiegler; para um exemplo, considere-se a cosmotécnica de Yuk Hui (2016), que avizinha o simondonismo ao taoísmo, e este a uma filosofia da natureza ressonante com o romantismo alemão: a questão geopolítica, a questão mesma da simbolização, ali se formula com outros fascínios e outros riscos.

Lembraremos do papel central de Simondon em *A Natureza do Espaço*, que o geógrafo brasileiro Milton Santos publicou em 1996. Referenciando não apenas MEOT, como também os trabalhos então recentes de Hottois e Stiegler, Milton Santos (2006, p. 29) já se via em operação de resgate: "os geógrafos nem sequer se aperceberam da importância dos achados de Simondon. Resultado: perdeu a geografia, atrasando-se a sua própria evolução; e perdeu a filosofia das técnicas, pela ausência de um enfoque geográfico paralelo". Santos chega a sugerir que a leitura de Simondon ultrapasse a comunicação entre divergentes em proveito do hibridismo. Embora não tomemos esse caminho, entendemos que ele observa uma leitura precisa da comunicação transdutiva, que perpetua uma tensão entre divergentes, em vez de apaziguá-la.

A leitura brasileira de Simondon começa por ensinar, com Milton Santos, a tecnicidade do espaço, contribuição que se amplifica, em semiótica e comunicação, nos trabalhos de Lucrécia Ferrara e do Grupo de Pesquisa Espaço-Visualidade/Comunicação-Cultura (ESPACC). Ferrara vem viabilizar uma epistemologia que, mais inferencial-transdutiva do que tradutora, concebe uma comunicação capaz de configurar a tessitura lógica do espaço. A comunicação cumpriria a passagem do pré-individual ao plano fenomênico, entremeio conversivo que institui mundos e que se dá a conhecer pelo pensamento diagramático:

> Essa atuação inventiva e produtiva da tecnicidade sobre o meio e os homens transforma o conceito de espaço. [...]. Sem banalizações, introduz-se a comunicação e a linguagem no território de uma conversação geográfico-ambiental enquanto recupera-se a célebre dimensão comunicativa do ambiente criado e acionado pelos meios técnicos e informacionais, já vislumbrada por McLuhan (Ferrara, 2016, p. 95).

Desembaraçada do referente estável, que a fazia dispositivo de identificação e fiadora do já assemelhado, a comunicação transdutiva capacita-se a inventar semelhanças, "inferência que, na linguagem, produziria imagens à maneira de um caleidoscópio cognitivo" (Ferrara, 2018, p. 11). Frutífera afinidade entre Simondon e a semiótica de Peirce caminhará ao nível tecnoestético dos esquematismos inventivos, ali onde a comunicação devém "mais uma tendência lógica do que uma fenomenologia" (Ferrara, 2018, p. 25). A comunicação reivindica, aí, alcançar uma indisciplina criadora, mais profunda do que toda interdisciplinaridade.

Outra vertente de leituras, veremos adiante, desembarcará na Argentina como no país que mais calorosamente acolherá a obra de Simondon. As atenções se voltarão ali para uma micropolítica da individuação coletiva, questão nuançada na França por Muriel Combes em *Simondon, individu et collectivité: pour une philosophie du transindividuel*. Publicada em 1999, a tese de Combes (2017), mais que estreitar interfaces com o operaísmo neo-marxista e o pós-estruturalismo, responde aos comentadores de primeira hora para alertar que, enquanto Gilbert Hottois hipertrofiava uma tendência simbolizante, Bernard Stiegler fazia a técnica preceder e determinar a máquina social, substituindo uma teoria das saturações inventivas por uma mitologia da falta. Combes chama "intimidade do comum" a zona produtiva das comunicações transindividuais, ideia que repercutirá no operaísmo e abastecerá os movimentos sociais latino-americanos via Paolo Virno, com quem Combes trabalhou, em 2001, na edição italiana de *L'individuation psychique et collective*.

Abrindo polêmica com Combes, Isabelle Stengers (2004, p. 59) diz ser necessário resistir a um "vínculo imediato com a verdade" que emanaria do simondonismo. É um curioso reproche, considerando que Simondon não cessa de dar notícias de um pensamento internamente fissurado, exilado de sua antiga unidade "mágica", restando mesmo um trabalho incessante, uma operação de compatibilização que jamais apela, aliás, a qualquer forma definida da verdade. Não surpreende, em todo caso, que a crítica científica recomende desconfiarmos de uma filosofia ávida por traçar continuidade entre heterogêneos, e é com razão que Stengers alerta contra textos que abusam do conceituário simondoniano; mas a sugestão de substituir, sem mais, a ideia de transdução pela de agenciamento, que estaria melhor prevenida contra decair em jargão anestesiado, parece embalar o gesto mesmo que entrega a criação do conceito à aplicabilidade de uma ferramenta geral.[13]

É chamando atenção para um maquinismo implícito, pelo qual matéria e memória comunicam, que Pascal Chabot publica, em 2003, *La philosophie de Simondon*:

> A linguagem se inscreve nas memórias do germânio. Circula nas fibras óticas. Pode também operar: acopladas a um motor, as máquinas de informação têm efeitos mecânicos e energéticos. Matéria e memória, que Bergson separou, se juntam por intermédio do signo (Chabot, 2003, p. 65).

Chabot faz ressalvas à sugestão simondoniana de uma alienação pré-econômica e argumenta, com Marx, pelo condicionamento econômico da inovação técnica: um lançamento de satélite não constitui expressão inocente do pensamento inventivo, já que envolve acordos entre petrolíferas, lobby, trabalho assalariado, tensão militar. Fica evidente que Simondon não mirou nem a representação nem a economia como focos explícitos de desmontagem crítica: desmonta a representação lateralmente, devolvendo a forma às relações de força, e concebe a alienação

---

[13] Vale lembrar que, quando opõe um acontecimento singular/universal às relações particular/geral, Deleuze está em companhia de Nietzsche e Péguy, mas também de Simondon. Se Deleuze afirma uma diferença que precede de direito a mediação e a representação, Simondon mostra que, instância paradoxal pela qual os díspares comunicam, a singularidade precede, de direito, a forma individuada. Os artigos de Michalet e Alloa (2013) e Voss (2018) levantam algumas das diferenças entre Simondon e Deleuze, embora pareçam desconsiderar, lá e cá, os aportes simondonianos ora à noção de intensidade, ora à relação singular-universal. Estaríamos inclinados a questionar as diferenças entre esses filósofos ao nível do estilo, questão essa, aliás, mais deleuziana do que simondoniana.

GILBERT SIMONDON & A COMUNICAÇÃO MAQUÍNICA

como uma sujeição do processo individuante a finalidades extrínsecas, a alienação econômica constituindo uma entre outras modulações da potência de agir.

Não vemos proveito em acompanhar leituras que imaginam Simondon ingênuo para a política. Se tanto, a sua descrição da alienação ressoa com as teses de Pierre Clastres (2003), nas quais a coerção política se surpreende dependente de um regime antes comunicativo dc que econômico, para uma distribuição semiótica dos papéis enunciativos de comando e de obediência, de crédito e de dívida. Tenha-se em mente que o antropólogo respondia a um profundo incômodo diante da sugestão de que, por ingênuas, as sociedades primitivas viveriam *em falta* de política:

> [...] nada poderia estimular a sociedade primitiva a desejar produzir mais, isto é, a alienar o seu tempo num trabalho sem finalidade, enquanto esse tempo é disponível para a ociosidade, o jogo, a guerra ou a festa. Quais as condições em que se podem transformar essa relação entre o homem primitivo e a atividade de produção? Sob que condições essa atividade se atribui uma finalidade diferente da satisfação das necessidades energéticas? Temos aí levantada a questão da origem do trabalho como trabalho alienado. [...] Antes de ser econômica, a alienação é política, o poder antecede o trabalho, o econômico é uma derivação do político (Clastres, 2003, p. 210-211).

A primeira edição integral da tese sobre a individuação sai na França apenas em 2005, ano em que Jean-Hughes Barthélémy publica *Penser l'individuation: Simondon et la philosophie de la nature*, consolidando-se desde aí como o mais profícuo leitor de Simondon. Em seu primeiro livro, Barthélémy destaca a transgressão de dualismos, como o de sujeito/ objeto, e recupera as correntes intelectuais que deságuam no pensador da individuação. Examina em detalhe as desconfianças que marcam a recepção de Simondon por Isabelle Stengers, com quem abre extenso debate, continuado em seu segundo livro. Propõe um humanismo *difícil* e um enciclopedismo *genético*, tema de seu livro de 2008, *Simondon ou l'encyclopédisme génétique*. Se parte do que justifica escrever um livro é a necessidade de corrigir um esquecimento, apontaremos que a comunicação não se vê entre os 50 verbetes selecionados por Barthélémy (2013) para compor um glossário introdutório ao pensamento simondoniano.

O primeiro livro sobre Simondon lançado originalmente em espanhol sairia em 2006, assinado por Jorge William Montoya Santamaria.

A abordagem pedagógica do professor colombiano avulta logo de saída, com o enfrentamento da polêmica validação da analogia como procedimento científico:

> [...] em nossos dias a analogia está desacreditada; o que nela se vê é uma má eleição quanto à argumentação ou uma debilidade no pensamento, e às vezes as duas coisas ao mesmo tempo. As metáforas estão permitidas, sempre e quando expressem um estilo ou sejam evocadas simplesmente à maneira de exemplos ilustrativos (Santamaria, 2006, p. 27).

Santamaria não se furta a retomar os alertas de Michel Foucault contra o raciocínio por semelhança: por hábito, a analogia serve como procedimento de identificação e de anulação de diferenças. Tal procedimento se fia, entretanto, em uma imagem estrutural do ser, enquanto Simondon indaga os seres tão somente pelo que fazem; uma analogia maquínica cumprirá a passagem de uma estrutura a outra: não é que o sofista e o pescador tenham alguma propriedade comum que os faça comparáveis, intercambiáveis; é que o esquematismo do *capturar* não se individua sem se diferenciar. A analogia já não procede por isomorfismo; ela institui, segundo Santamaria, nexos isodinâmicos. Uma comunicação maquínica, tal como a concebemos, dispensará o prefixo da assimilação, restando-lhe afirmar uma multiplicidade dinâmica, uma difusão transoperatória.

Os primeiros volumes argentinos de MEOT e ILFI publicam-se em 2007 e 2009, e a recepção latino-americana desperta notavelmente para questões de estilo, o que começa por Santamaria e se acentua com Pablo Rodríguez, que detecta o ponto e vírgula como uma assinatura do pensamento transdutivo. Rodríguez trabalha nas traduções argentinas e desenvolve as interfaces de Simondon com a comunicação, a informação e os problemas do controle e da biopolítica, tal como expostos, respectivamente, por Deleuze e por Foucault. É Rodríguez (2016a) quem narra a chegada da bibliografia simondoniana a um continente que, no início dos 2000, aflorava ao cabo de um ciclo neoliberal: a resistência alteromundista às políticas de George W. Bush então lia as teses de *Império*, e o interesse pela ideia de multidão levaria de Toni Negri (2003) às obras de Paolo Virno (2005), que pensam a multidão nos termos de uma teoria da individuação. A América Latina vai reivindicando Simondon para afirmar a multidão como potência motora do mundo.

Coube a Jean-Yves Chateau (2010) redigir a apresentação de alguns dos principais cursos de Simondon, entre eles aquele sobre a comunicação, que leva prefácio seu. Em 2008, o filósofo publica *Le Vocabulaire de Simondon*. No mesmo ano, a tese de Ludovic Duhem desenvolve a tecnoestética nos domínios do design e da filosofia da arte. A pesquisa pelas implicações políticas das teses simondonianas ganha uma importante contribuição em 2010, com *Epistemologia e politica in Gilbert Simondon: individuazione, tecnica e sistemi sociali*, livro de Andrea Bardin (2015), que difunde o pensamento de Simondon na Itália e na Inglaterra, onde leciona. O italiano Giovanni Carrozzini publica, em 2011, *Gilbert Simondon filosofo della "mentalité technique"*. Naquele ano Baptiste Morizot defende uma tese afirmando o acaso como motor do processo de individuação; intitulada *Hasard et individuation: Penser la rencontre comme invention à la lumière de l'oeuvre de Gilbert Simondon*, a tese de Morizot é de grande interesse para a comunicação, no que desenvolve uma teoria dos encontros individuantes.

A Unicamp recebe, em 2012, o colóquio *Informação, tecnicidade, individuação: a urgência do pensamento de Gilbert Simondon*, que reúne nomes como Laymert Garcia dos Santos, Eduardo Viveiros de Castro e Peter Pál Pelbart. Em 2013, realiza-se na Normandia o colóquio *Gilbert Simondon et L'invention du Futur*, organizado por Barthélémy e Vincent Bontems, engenheiro que defendera tese, em 2004, expondo afinidades entre Simondon e a epistemologia de Gaston Bachelard. O evento rende uma publicação homônima com a contribuição de 29 pesquisadores. Buenos Aires sedia o primeiro *Colóquio Internacional Gilbert Simondon*, em abril de 2013, e hospeda uma segunda edição em 2015. O evento segue em 2017 para o Rio de Janeiro, promovido pela Escola de Comunicação da UFRJ, e para São Paulo em 2018, organizado pelo Departamento de Filosofia da USP.[14] Os encontros fortalecem uma articulação binacional de pesquisadores argentinos e brasileiros, do qual resulta um dossiê publicado em 2017 pela revista Eco-Pós[15], do PPG em Comunicação e Cultura da UFRJ.

Em pesquisa realizada no portal da Coordenação de Aperfeiçoamento de Pessoal de Nível Superior (Capes), identificamos as dissertações e teses brasileiras que, até setembro de 2020, mencionaram o filósofo. Desde 1997, data do documento mais antigo, somavam-se 69 traba-

---

[14] Vídeos disponíveis em: https://filosofia.fflch.usp.br/node/2152. Acesso em: 10 set. 2024.

[15] Disponível em: https://revistaecopos.eco.ufrj.br/eco_pos/issue/view/783. Acesso em: 10 set. 2024.

lhos[16], ou três por ano, com picos de 14 defesas em 2013 e 2017. Vemos a pesquisa em comunicação no Brasil solicitar Simondon para responder a problemas de mediação tecnológica e actância de objetos. O Programa de Estudos Pós-Graduados em Comunicação e Semiótica da PUC-SP lista três trabalhos, envolvendo orientações de Lucrécia D'Alessio Ferrara, Helena Katz e Lucia Santaella, que orienta, na área do Design, a primeira tese brasileira a articular a filosofia de Simondon à semiótica de Charles S. Peirce. Na tese de Isabel Jungk (2017) sobre ontologias planas, a ação sígnica aparece antes transdutora que tradutora, alinhando-se Simondon ao caráter de desenvolvimento e crescimento que Peirce atribui aos processos semiósicos; daí o signo se defina como uma unidade transdutora, mediante a qual "novas formas são trazidas à concretude" (Jungk, 2017, p. 221). No Programa de Pós-Graduação em Comunicação da UFRGS, uma leitura tecnopoética em Angela Longo (2017), orientada por Nísia Martins do Rosário, relaciona a concretização simondoniana e o que Deleuze e Guattari chamaram de máquina abstrata.

Entre as produções oriundas da filosofia, chama atenção a dissertação de Lucas Sanches Vilalta, que, sob orientação de Silvana de Souza Ramos (USP), percorre praticamente toda a obra disponível de Simondon para discutir suas implicações éticas. Esse amplo esforço de revisão habilita Vilalta (2017, p. 46) a detectar a persistência da trialidade no modo como Simondon desmonta e expõe processos estruturantes.[17] A dissertação não apenas expõe o diagrama de um pensamento trifásico, como também aporta contribuições diretas à comunicação, conferindo ênfase inusual ao caráter instituinte da comunicação no simondonismo: "a realidade do ser é uma comunicação entre relações de relações" (Vilalta, 2017, p.

---

[16] Compare-se com o também pensador da técnica Vilém Flusser (374 resultados), Merleau-Ponty (1.055) e os filósofos Charles S. Peirce (841) e Gilles Deleuze (2.543). No recurso a Simondon predominam problemas de educação e aprendizagem, Filosofia, Psicologia e Artes. Pode-se remontar as frequências à oferta de orientação, casos de Virginia Kastrup (UFRJ) em Psicologia e do sociólogo Laymert Garcia dos Santos (Unicamp), que orienta em sua área dois dos trabalhos listados. Liliana da Escóssia Melo, após defender tese em Psicologia em 2004 articulando a individuação transindividual e a microssociologia de Gabriel Tarde, orientou dois trabalhos na Universidade Federal de Sergipe que referem o enciclopedista. Na UFRGS, ressalta-se como orientadora de três trabalhos Tania Mara Galli Fonseca, do PPG de Psicologia Social e Institucional.

[17] Com efeito, Simondon distingue, para cada problema, ao menos três modalidades de resposta, como quando classifica a individuação nas modalidades física, vital e psicossocial; ou quando traça um ciclo da imagem partindo de rudimentares tendências motrizes, passando pela constituição de território e culminando na invenção simbólica; ou, ainda, quando descreve o organismo como tríodo "que corresponde à trialidade de base das condições energéticas (motivação), operatórias (sistema de ação, efetores, coordenação hereditária) e informacionais (percepção)" (CI, p. 372), arrematando que "não há somente o interior e o exterior nas condutas, senão três termos, três condições: a motivação, a percepção, a ação" (CI, p. 372).

9). Seria comunicacional a ética simondoniana: compatibilização dos incompatíveis, a comunicação

> [...] não é para o filósofo algo que ocorre posteriormente ao devir do ser, ou seja, posterior à ontogênese; a comunicação é correlata à realidade metaestável inicial do ser, ela é a condição do devir [...]. A comunicação é, assim, anterior à informação, à individuação e ao devir. [...] Podemos dizer que a individuação é a comunicação em operação. (Vilalta, 2017, p. 60-61).

Simondon suscita ainda a concepção de um materialismo da comunicação na tese que Vinicius Portella Castro apresenta no domínio das Letras, ali onde a comunicação transborda a centralidade das mídias e alcança uma *poiesis* material, uma efetiva educação pela pedra:

> Quando digo redes de comunicação, não quero apenas dizer no sentido mais imediato de redes técnicas, como o rádio ou a Internet, mas também no sentido da comunicabilidade geral da matéria (à maneira como a água se comunica em lençóis freáticos e emerge na forma de seres vivos complexos, ou como a faca comunica a sua voragem material em João Cabral). (Portella Castro, 2019, p. 14).

A pesquisa em educação, finalmente, estará em bom lugar para experimentar o paradoxo de uma comunicação maquínica que, a um só tempo, individua e desindividua, a exemplo do que demonstra Gustavo de Almeida Barros (2015) a partir da pedagogia infantil, território de desindividuações singularizantes[18], em dissertação que interessa também por seu extenso fichamento de textos sobre Simondon e a educação.

---

[18] A educação, sob esse viés, inventa-se um corpo outro: "não teria o corpo simultaneamente múltiplos processos de *singularizações*? [...] [E] um processo de *singularização* não é antes de mais nada uma *desindividuação*?" (Barros, 2015, p. 9).

3

PRELÚDIOS PARA UM TENSIONAMENTO DA COMUNICAÇÃO

A comunicação margeia e se insinua entre alguns dos conceitos mais notáveis do pensamento simondoniano. Antes de distinguir-se em níveis e categorias, ela se vê ativando um materialismo intensivo e reivindicando fronteira íntima com qualquer coisa de incomunicável, como um avesso incluso insistisse em arrebatá-la, em desequilibrá-la por dentro. Três ideias que comunicariam, em Simondon, um pensamento do fora: a singularidade, a informação e a metaestabilidade.

3.1 Catástrofe e recomeço: a singularidade como germe problemático

> Ora, nesse catar feijão entra um risco:
> o de que entre os grãos pesados entre
> um grão qualquer, pedra ou indigesto,
> um grão imastigável, de quebrar dente.
> Certo não, quando ao catar palavras:
> a pedra dá à frase seu grão mais vivo:
> obstrui a leitura fluviante, flutual,
> açula a atenção, isca-a com o risco.
>
> *João Cabral de Melo Neto*

Simondon traduz as descontinuidades como singularidades, termo com que o experimento científico responde a abeiramentos inobserváveis ao caos e às bifurcações catastróficas. Na tragédia grega, a catástrofe dizia a hora surpreendente de uma reviravolta, quando as esperanças caíam em ruína e o coro cantava, em multidão, o involuntário e irremediável colapso do protagonista. Por catastróficas, as singularidades com frequência se insinuam na hora da crise, ali onde algum funcionamento harmônico se interrompe de maneira imprevista.

A relatividade de Einstein, por exemplo, colapsa em limiares onde os corpos, de tanto se adensarem, começam a fazer linha com o infinito. O que ameaça revirar, nesse caso, é a estrutura mesma do espaçotempo, cujo sistema de coordenadas involui até um ponto não localizável, adimensional. Fossem localizáveis, as singularidades se achariam relativas, comensuráveis, e o seu terror estaria pacificado; estariam previamente dispostas e ordenadas, seja em um espaço de simultaneidades (dados entre dados contíguos), seja em um tempo indefinidamente divisível (instantes entre instantes sucessivos). Não se deixam apreender, porém, por sistemas de coordenadas, nos quais se perpetuam como um fracasso interno – grão imastigável. Sem onde nem quando, fomentam em astrofísica hipóteses acerca da origem do universo e da condição paradoxal de certos objetos celestes. Suas notícias anexatas, as singularidades trazem de um intervalo obscuro que, uma vez esclarecido, resolveria a concorrência incompatível entre teorias como a relatividade e a mecânica quântica.

Toda essa fecundidade hipotética segue da definição matemática de limite, que descreve, de uma função, o seu ponto extraordinariamente insubordinado, disfuncional. Dado o conjunto dos números reais, a operação de divisão atinge um ponto singular tão logo considere um divisor igual a zero. Enquanto a divisão de um número não-nulo por zero se dirá indefinida, infinita ou impossível (sua solução se encontraria além ou aquém da solução numérica), a divisão de zero por zero se dirá indeterminada (multiplicado por zero, qualquer número resultaria zero).

Seria impreciso dizer que as singularidades subsistem fora dos sistemas, quando menos sem lembrarmos que elas nos acenam desde a orla de cada sistema. Quando Charles S. Peirce propôs uma projeção "quincuncial" para uma cartografia adequada à curvatura da Terra, resultou um mapa de perfeita conformidade angular, exceto em quatro pontos extremos na linha do equador, onde as linhas mudavam bruscamente de direção e saíam desdobrando, em multiplicação fractal, um mosaico de n mundos. Ainda outra vez, coincidem o fim e o recomeço do mundo. As singularidades subsistem do lado de fora, mas também se dizem de entranhamentos, mergulhos, implosões. Insistem como peças tanto excedentes (relativamente ao funcionamento que obstruem) quanto ausentes (para as expectativas de um funcionamento futuro, para o conjunto operatório cujo segredo ocultam). No limite, e enquanto limítrofes, tornam indiscernível a distinção entre o dentro e o fora, aí onde o simondonismo já não pergunta o que as coisas são, mas o que elas efetivamente *fazem*.

*

Um artista se vê invocando uma singularidade como cisco que iscasse um rio; foi o que lemos em João Cabral, poeta de fluíres impassíveis, que são os de minério e sangue, de morte e vida. O ato de criação exige uma passagem pelo singular, quando menos se quiser resistir, melhor do que parodicamente, a todo um domínio instituído de dados, narrativas, lembranças familiares, clichês preexistentes.[19] Na sua *Lógica da Sensação*, Deleuze (2012) lembra que Francis Bacon chamava de *diagrama* uma certa zona intervalar, zona essa que, precisamente, encerrava os trabalhos preparatórios da pintura e dava início ao ato de pintar. Relativamente aos dados figurativos, o diagrama irrompia como um caos, uma catástrofe necessária; relativamente à nova ordem da pintura, ele seria um germe de ritmo, uma possibilidade de fato, nascimento de um mundo feito de traços irracionais e involuntários. Morte-vida, obstruir-encetar, sentidos incongruentes se recobrem indiscerníveis na zona intermediária das singularidades, aí onde Simondon descerra uma teoria da relação:

> A noção de descontinuidade deve devir essencial à representação dos fenômenos para que uma teoria da relação seja possível: ela deve se aplicar não apenas às massas, mas também às cargas, às posições de estabilidade que partículas podem ocupar, às quantidades de energia absorvidas ou cedidas numa mudança de estrutura (ILFI, p. 139).

As singularidades são limiares: guardam o sentido rigoroso do encontro, como encontro que põe mudança no movimento. Implicam, num só lance, a interrupção de um encadeamento contínuo e a passagem entre séries díspares. Ao nível do pensamento, provocam a suspensão de hábitos associativos e a irrupção da necessidade de pensar:

> A que situação corresponde a invenção? A um problema, quer dizer, à interrupção de uma execução operatória contínua em seu projeto por um obstáculo, por uma descontinuidade que cumpre o papel de uma barreira. [...] hiato e incompatibilidade são os dois modos problemáticos fundamentais (IMIN, p. 157).

---

[19] Veja-se como, no seu pior, o filme de ficção científica instala a familiaridade dentro de uma singularidade, como também alastra o imperialismo aos confins do universo, numa manifestação declarada de ódio à Terra.

Algo de novo se prepara, então, em meio à ruína da ação, em meio à "existência, entre forma e matéria, de uma zona de dimensão média e intermediária – aquela das singularidades que são o encetante do indivíduo na operação de individuação" (ILFI, p. 73).

Simondon descreve a singularidade como um germe, uma semente de forma. A primeira tradução brasileira da sua tese principal diz "encetante", reforçando a imagem do gatilho que provoca o começo de um processo, interrupção de um fluxo que enceta um começo de forma: assim uma pedra, estancando um fluxo de areia, enceta a formação de uma duna. Do ponto de vista da imaginação, são mesmo as imagens que, por princípio, veem-se povoando essa zona singular, a um só tempo intermediária, forânea e intrusa:

> O termo "imaginação" pode induzir a erro, uma vez que une as imagens com o sujeito que as produz, e tende a excluir a hipótese de uma exterioridade primitiva das imagens relativamente ao sujeito. É uma atitude corrente nos pensadores contemporâneos para quem a imagem remete a uma "consciência imaginante", segundo a expressão de Sartre. Mas por que excluir como ilusórios os caracteres pelos quais uma imagem resiste ao livre arbítrio, rechaça deixar-se dirigir pela vontade do sujeito, e se apresenta por si mesma segundo suas próprias forças, que habitam a consciência como um intruso que chega a perturbar a ordem de uma casa para onde não foi convidado? (IMIN, p. 13).

Mesmo quando remetidas a um centro, as imagens resistem como estrangeiras, opacas, "mônadas secundárias que habitam em certos momentos o sujeito e o abandonam em outros" (IMIN, p. 15). É enquanto inassimiláveis que podem se apresentar como germes de desdobramento, prenúncios da invenção simbólica. Em teoria da individuação, as singularidades devêm individuantes quando acopladas a um meio, e uma comunicação maquínica se verá constituindo conexões do tipo germe-meio.

Para uma aproximação aos termos de praxe em teorias da comunicação, caberia chamar de "receptor" o meio apto a hospedar e propagar singularidades, desde que o receptor já não designe indivíduos prontos, preexistentes ao acontecimento comunicativo. A semiótica de Peirce chama tais meios receptores de "interpretantes", noção que, ainda outra vez, não se conforma ao modelo do intérprete individuado; os interpretantes contam entre os resultados, os produtos, os efeitos do signo, ao mesmo tempo em que definem aquilo em que pode haver código, repetição periódica.

Se as singularidades jamais correspondem, reiteram ou confirmam um código, é que elas provocam, a cada vez, modificações ao nível do interpretante. A singularidade é germe de uma modificação, motor de uma *outra maneira*, para consultarmos a etimologia da noção de "alotropia", que observa como um mesmo elemento químico, em tais e quais casos concretos, engendra diferentes estruturas simples; do carbono, por exemplo, podem "sair" o grafite e o diamante: "Nesse sentido, a individuação de uma forma alotrópica parte de uma singularidade de natureza histórica" (ILFI, p. 106). Pensemo-las como encetantes seja de individuação, seja da produção de sentido, as singularidades se avizinham ao que Peirce chamou de *objeto dinâmico*, termo que Lúcia Santaella (1992, p. 191) equivale, muito a propósito, à ideia de *realidade*:

> [...] num sentido bem geral, o objeto dinâmico equivaleria à realidade e o interpretante final à verdade. [...] O real está no passado e a verdade no futuro. O presente é o lugar do intérprete ou interpretante dinâmico. Se fosse possível atingir a verdade, ela coincidiria com o real, seria a revelação manifesta do real, ponto de encontro (no górdio) do passado com o futuro.

A coincidência realidade-verdade resta como objeto de promessa e esperança, vez que o curto-circuito entre o passado e o futuro não cessaria de recuar, de se esquivar indefinidamente à observação científica; não que a realidade espere, porém, a hora sagrada em que se revelaria a pleno – é enquanto internamente problemática que ela suscita investigação. Não é que a singularidade fuja à descrição inteligível; é que, em formulação deleuziana, *o singular faz fugir a descrição inteligível*.

O caso de Edmund Husserl deixa apreciar esse momento em que a inteligência se deixa arrastar, como na carona de uma vassoura de bruxa. Aos olhos de Husserl (1965, p. 116), o acontecimento singular escapa não apenas à tradução inteligível, como também à experiência consciente: "Para a fenomenologia, o singular é eternamente o *ápeiron*". Subsistência dormente do sem-fim, eis a singularidade. Mas, se a fenomenologia não abandona de todo o singular, é que Husserl (1989) enfrenta problemas de origem: ele quer saber como pôde a geometria nascer e se propagar. Como foi que "objetividades ideais" (as formas do círculo, do triângulo...) puderam se prolongar no tempo, transmitidas de uma geração humana para outra?

O fenomenólogo ensaia situar a origem da geometria na língua: ela que concebe e estabiliza, pois, o objeto ideal. Mas essa resposta apenas desloca o problema, que passa a indagar pelo nascimento, desta vez, da linguagem. E Husserl vai descendo o longo fio da História, até que interrompe o passo, como quem houvesse encontrado qualquer coisa. Passa então a descrever uma época *pré-geométrica* de corpos deformáveis, quando antigas gerações teriam preparado as condições afetivas que viabilizaram a reprodução intersubjetiva das formas. O objeto ideal adviria de deformações materiais, do entrechoque de corpos, e eis que a forma do círculo, antes de rematada na sua perfeição lógica, teria precisado de uma mão que arredondasse materiais para obter o redondo.[20] É preciso que uma operação de arredondar (relação movente entre os extremos de uma linha, sendo uma extremidade fixa) produza uma rotundidade encarnada (uma qualidade), antes que o círculo ideal (um objeto) se ache disponível para a comunicação intersubjetiva. Husserl terá aí raspado o muro da inteligência abstrata para espiar algo do que se passa do outro lado, nas telas de Francis Bacon ou de Henri Michaux, ali onde a mão se faz primitiva e inverte a sua subordinação habitual a um olho ajuizador, guardião das formas apolíneas.

O jovem Jacques Derrida (1989) dedica a esse texto de Husserl uma dissertação para pensar os paradoxos da *escritura*, esse cisco que constituiria, aos olhos da idealidade fenomenológica, tanto um risco de desaparecimento quanto uma condição de gênese. É que, uma vez se explique maquinicamente, por operações no infinitivo, a consciência geométrica descobre a irracionalidade como o limite que ela não para de esconjurar. A tentativa de *enquadrar* a área de um círculo, por exemplo, leva a fracionamentos sucessivos que jamais satisfazem a expectativa de uma conclusão estável, ao que a geometria responde declarando "transcendente" uma série numérica *pi*, decorrente da renovação perpetuada do enquadrar em sua concretude maquínica de gesto repetitivo. O infinitivo persiste irracional por conta de sua incomensurabilidade, e é dito transcendente enquanto escapa, de direito, a qualquer conjunto contável.

Deleuze (2005b, p. 370) entende que, em sua busca pela origem da geometria, Husserl fica próximo de experimentar a fluidez e a anexatidão

---

[20] Vilém Flusser (2015, p. 54-55) é quem melhor divulga essa lição husserliana no âmbito das teorias da comunicação: "Pego por exemplo uma pedra pontuda e a utilizo como faca. Essa faca é uma memória. Nessa pedra guardo a informação cortar ou abrir. Quem, depois de mim, pegar essa pedra na mão pode acessar a informação a partir da pedra. A informação está publicada, intersubjetivada e, ao mesmo tempo, guardada na pedra."

de uma "matéria portadora de singularidades e de traços de expressão". Acrescenta o filósofo que, chegando a postular uma "essência vaga", Husserl pressente o que Simondon viria a afirmar, desta vez a pleno, como uma materialidade *vagabunda*. A matéria não é composta por móveis que carecessem receber de fora o movimento. A matéria é em si mesma cinemática, dotada de automovimento. Um materialismo rigoroso leva a inverter o esquema sensório-motor, para a afirmação de uma motricidade primeira, tão acentrada quanto involuntária: "o esquema estímulo-resposta não é absolutamente primeiro, [...] as reações (condutas em presença de um objeto) são precedidas por espontaneidades motrizes que existem antes da recepção de sinais característicos de um objeto" (IMIN, p. 37).

O objeto individuado aparece como o resíduo excepcional de diversas resoluções subconscientes, valendo dizer que ele se individua como responsivo a problemas. Percebo um objeto como passível de ser manipulado ou ignorado, e é mediante esse hábito perceptivo que me concedo a possibilidade de evitar encontros potencialmente danosos. Resulto um sujeito actante, nesse sentido, como a contraface especular de um estado de coisas que não mais questiona, que não mais suspende as premissas que regulam a minha ação. Da singularidade que questiona a ação, ao contrário, já não desvio sem ter sido desviado por ela, já não ajo sem ter sido agido. O encontro é que aí desvia, cresce e multiplica, feito germe. Na poesia de Carlos Drummond de Andrade (2013, p. 237), uma singularidade não se abandona ultrapassada, decorrida, sem retornar na sua impassibilidade cristalina:

> No meio do caminho tinha uma pedra
>
> tinha uma pedra no meio do caminho
>
> tinha uma pedra
>
> no meio do caminho tinha uma pedra.
>
> Nunca me esquecerei desse acontecimento
>
> Na vida de minhas retinas tão fatigadas.
>
> Nunca me esquecerei que no meio do caminho
>
> tinha uma pedra
>
> tinha uma pedra no meio do caminho
>
> no meio do caminho tinha uma pedra.
>
> (Drummond de Andrade, 2013, p. 237).

A irreversibilidade desse encontro terrificante se explica pela necessidade mesma do seu retorno; o sujeito não ultrapassa a pedra, que volta de novo *no meio*, uma pedra tal que, já tendo ido, ainda vem. Cortando o caminho e voltando a recortar, a pedra se diz escritura, singularidade problemática: um risco na memória, e a memória em risco.

*

Não se deve pensar a era "pré-geométrica" de Husserl como um período histórico, como uma presença antiga, sequer mesmo como uma anterioridade. O acontecimento singular não tem origem cronológica absoluta: "Cada pensamento, cada descoberta conceitual, cada surgimento afetivo é uma retomada da individuação primeira" (ILFI, p. 392). Paolo Virno (2005, p. 107) explicita as consequências políticas dessa ideia: "O ato inaugural não se afunda em um 'outro momento' já arquivado, senão permanece sempre em primeiro plano, concomitante a todas as articulações concretas da práxis social e da política. A pré-história penetra em cada momento histórico singular".

Não raro uma tendência continuísta em historiografia rendeu belas imagens do acontecimento: "Para quem contempla a ordem geral e a sequência inteira dos fatos, nenhum acidente particular parece digno de estudo. Eles são, no oceano das coisas humanas, flutuações de ondas que desaparecem uma sob a outra" (Bourdeau, 1888, p. 122). Ocorre que, enquanto objeto dinâmico, uma linha oceânica "resiste em sua alteridade" (Santaella, 1995, p. 44). Interessa comunicar aquilo que, relativamente a uma ordem de presença, resiste em alteridade insubordinada, não-integrável – o imperceptível na percepção, o impensado no pensamento, o vazio na comunicação.

Na semiótica peirceana, a interrupção de uma ordem geral por uma singularidade problemática define o âmbito da "secundidade", esta que opõe, ao processo mental, a reação fática de uma realidade brutalmente existente: "Estamos continuamente colidindo com o fato duro. Esperávamos uma coisa ou passivamente tomávamo-la por admissível e tínhamos sua imagem em nossas mentes, mas a experiência força essa ideia ao chão e nos compele a pensar muito diferentemente" (CP, 1.324). O encontro compele o pensamento a mudar de rota, rompe com o automatismo da ação. Agora bem, não basta reduzir a singularidade à negação de um funcionamento. É apenas do ponto de vista da ação que um problema se apresenta como situação dilemática, na qual as alternativas se entreanulam. O nexo de contrariedade compatibiliza de antemão as disparidades, que aparecem como alternativas *possíveis*, isto é, projeções de escolhas já feitas. Um tal nexo não terá de onde extrair um ato inventivo. Em vez do dilema hesitante entre ordens possíveis, o tempo singular seria aquele de um intervalo que prepara as condições para uma escolha qualquer.

> O espaço hodológico já é o espaço da solução, o espaço significativo que integra os diversos pontos de vista possíveis numa unidade sistemática, resultado de uma amplificação. Antes do espaço hodológico há esse acavalamento das perspectivas que não permite apreender o obstáculo determinado, porque não há dimensões relativamente às quais o conjunto único se ordenaria. A *fluctuatio animi* [flutuação da alma] que precede a ação resolvida não é hesitação entre vários objetos ou até mesmo entre várias vias, mas recobrimento movente de conjuntos incompatíveis, quase semelhantes, e todavia díspares (ILFI, p. 313).

A ideia de *fluctuatio animi* remete a Spinoza, que diagnostica uma paixão sintomática da copresença de afetos contrários[21], nisso antecipando em três séculos a teoria do *double bind*, pretensamente explicativa do sofrimento esquizofrênico. Marilena Chaui (2011) acautela que a *fluctuatio animi* designa mesmo a mais terrível das paixões, e não convém ignorar os seus ecos com uma patogênese da esquizofrenia clínica. O que Simondon ajuda a ver é que esse terrível momento dilemático, tanto mais por suprimir as condições do agir, convida a uma zona que, saturada de um "recobrimento movente" de perspectivas incompatíveis, não conhece ainda a contrariedade. A zona do problemático se experimenta não como negação, mas como o afundamento do campo dual que não apenas subordinava o tempo a um encadeamento de atuais, como também condenava a ação a um devir-reativo. Mesmo que conte ainda entre as paixões, como a um mar revolto de ideias inadequadas, a *fluctuatio animi* sinaliza a iminência de um ato inventivo, capaz de afrontar o seu limite com o fora e afirmar os direitos de uma realidade acentrada:

> A verdadeira filosofia primeira não é a do sujeito, nem a do objeto, não a de Deus ou de uma Natureza buscados segundo um princípio de transcendência ou de imanência,

---

[21] Cf. proposição 17 da parte III da Ética (Spinoza, 2007, p. 185).

> mas a de um real anterior à individuação, de um real que não pode ser buscado no objeto objetivado nem no sujeito subjetivado, mas no limite entre o indivíduo e o que resta fora dele, segundo uma mediação suspensa entre transcendência e imanência (ILFI, p. 401).

Uma comunicação maquínica se distingue e arrisca se definir: mediação suspensa entre pelo menos duas séries incompatíveis. O "pelo menos dois" será uma exigência oriunda não do dualismo, mas do intervalo entre as séries, e a comunicação implicará, bem entendido, três termos pelo menos: duas séries díspares e uma singularidade, perpetuada como o limite impensado que remete as séries umas à outras. Não é por acaso que a tese complementar de Simondon descreve seus objetos como *modos* de existência, resultados de concretização tecnogeográfica; um tal processo se vê crivado de descontinuidades, e é por crises de desadaptação que ele descobre a sua necessidade – instituir continuidade entre variações ecológicas e variações mentais.[22]

Uma só série não bastaria para intuir uma comunicação maquínica, sugestiva de um acoplamento "geralmente recíproco" (CI, p. 69) entre os díspares. O idealismo pretenderia fundar a comunicabilidade no sujeito, enquanto o empirismo tenderia a exigir que a comunicação respeite a anterioridade dos objetos; comungam ambos de uma mesma crença: "Acreditar que o sujeito apreende de uma vez formas totalmente constituídas é acreditar que a percepção é um puro conhecimento e que as formas estão inteiramente contidas no real" (ILFI, p. 364). O dualismo não vê, ou finge não ver, que um objeto é a figuração de um "sistema de forças" (ILFI, p. 346):

> O objeto é uma realidade excepcional; de maneira corrente, não é o objeto que é percebido, mas o mundo, polarizado de maneira tal que a situação tenha um sentido. O objeto propriamente dito só aparece numa situação artificial e, de certo modo, excepcional (ILFI, p. 361).

---

[22] "Não se trata, com efeito, de um progresso compreendido como marcha até um sentido fixado de antemão, nem de uma humanização da natureza; esse processo poderia muito bem aparecer como uma naturalização do homem; entre homem e natureza se cria, com efeito, um meio tecnogeográfico que não devém possível senão pela inteligência do homem; o autocondicionamento de um esquema pelo resultado de seu funcionamento necessita o emprego de uma função inventiva de antecipação que não se encontra na natureza nem nos objetos técnicos já constituídos; é uma obra de vida fazer um salto por sob a realidade dada e sua sistemática atual no sentido de novas formas que só se mantêm enquanto existem em conjunto como sistema constituído" (MEOT, p. 56).

Daí seja preciso insistir que "a percepção não é a apreensão de uma forma, mas a solução de um conflito, a descoberta de uma compatibilidade, a *invenção* de uma forma" (ILFI, p. 349). A compatibilização não conduz os díspares até um acordo, e a "reciprocidade" se dirá, a cada vez, de um intervalo paradoxal, como de uma zona de indiscernibilidade. Se não bastavam o interacionismo, o empirismo ingênuo, o subjetivismo e a reflexão, estaremos em tempo de afirmar a natureza *sígnica* daquela "mediação suspensa".

A semiótica peirceana observa que um objeto só "insiste" (Ibri, 1992, p. 35) para a razão mediadora que o prolonga no tempo. Com efeito, Simondon se aproxima de um maquinismo do signo diante da insuficiência explicativa de todo "critério estático". O caso exemplar da simbiose suscita ao enciclopedista denunciar os limites do fisiologismo científico, isto é, do conhecimento que postula o corpo como organismo separado, idealmente abstraído de toda relação comunicacional. O contorno dos corpos será efeito, e não princípio de individuação. É enquanto signo que um indivíduo se extrai às misturas corporais:

> Os critérios estáticos, como os dos limites materiais e mesmo do corpo de cada indivíduo, não são suficientes. Casos como a associação, o parasitismo, a gestação, não podem ser estudados mediante os critérios espaciais ou puramente somáticos, no sentido habitual do termo, quer dizer, anátomo-fisiológico. Segundo a distinção entre sinais e significação, diremos que há indivíduo quando houver processo de individuação real, ou seja, quando significações aparecem; *o indivíduo é aquilo pelo qual e no qual significações aparecem*, enquanto entre os indivíduos só existem sinais. O indivíduo é o ser que aparece quando há significação; reciprocamente, só há significação quando um ser individuado aparece ou se prolonga no ser, individualizando-se (ILFI, p. 390-391).

Quando sujeito e objeto se correlacionam, é ao termo virtual de um processo geossemiótico, para um outro nome ao que chamamos de comunicação maquínica. O que importa é que a discernibilidade dos termos deixa de constituir premissa para virar efeito de um maquinismo que, em seu ponto mais uterino, é estranheza emergente. É sem se indexar a um termo individuado que a comunicação multiplica espelhos, falseia a estabilidade das formas, desmonta a hierarquia platônica entre original e cópia. A comunicação não será diálogo de consciências – será a ativação de uma tensão superficial, em si mesma silenciosa, entre o fora e o dentro: acoplamento germe-meio.

3.2 Da representação ao paradoxo: a informação como acontecimento

> *E eu amo a atividade do som. O que ele faz é – ele se avoluma e se aquieta, e ele se eleva e se abaixa, e ele se alonga e se encurta. Estou completamente satisfeito com isso. Não preciso que o som fale comigo.*
>
> *John Cage*

O que quer dizer informação? Forma quer dizer molde, fôrma. Mais o sufixo, formação descreve a atividade de modelagem. Ajunto o prefixo, e a modelagem se entranha, se enterra – o informe de dentro se modela, o obscuro de dentro se distingue.

Aristóteles representou o ato informativo como a aplicação de um molde sobre matéria bruta. Obteve uma teoria hilemórfica, para que a luz se aplicasse à escuridão e a ordem cósmica se impusesse sobre o caos. O hilemorfismo pretextava tomar de empréstimo à operação técnica uma imagem adequada do processo de individuação: se a argila virava tijolo, não era graças à intervenção de um molde? Esse fundamento técnico é o que Simondon vem desmentir. É que um oleiro não respaldaria a oposição entre matéria e forma, como tampouco a oposição entre uma desordem inicial e uma ordem final. Consultado, o oleiro talvez lembrasse que muita coisa se passa *no meio*: as singularidades da argila, a remoção manual de impurezas, o molde como um limite material de propagação, os entretempos de espera.

A ideia de aplicar moldes retrata, segundo Simondon, um agenciamento antes social do que técnico: o hilemorfismo é uma paisagem pintada pelo senhor de escravos, a inscrição involuntária da perspectiva patronal sobre a exploração do trabalho na cidade grega. Não somente essa perspectiva não se encerra entre os antigos – o século XX universalizaria o hilemorfismo como um modelo descritivo, em um empreendimento anunciado e conduzido pela teoria da comunicação, que chega mesmo ao ponto de compatibilizar as ciências da natureza e as ciências humanas: como houvesse desencavado um elo perdido entre os saberes, a cibernética deixará falar em informação meteorológica, informação biológica, informação histórica, informação demográfica, informação econômica...

No seu sentido corrente, informação quer dizer enquadramento de atualidades, retroação ideal do signo sobre a verificabilidade do dado empírico. No que fornece retratos de situações, a informação subsidia o processo decisório: se busco me informar, é visando a reagir de maneira razoável e consequente a situações, a estados de coisas e de ânimos. Ainda outra vez, os enquadramentos representados pela informação não se aplicam mais à realidade do objeto do que à realidade do sujeito; quando indaga o funcionamento da mente, a informação permite representar situações estáticas – recolhem-se informações de um paciente psiquiátrico com vistas à descrição de estruturas ou *quadros* psíquicos.

O homem da informação não rivaliza com a ficção, que lhe interessa como uma mercadoria, um agregado de dados biográficos sobre a situação do autor ou, ainda, um assunto. O avesso especular contra o qual ele disputa é a desinformação. É que a mentira e o boato são ainda representações de verdades, discursividades que vestem para si uma forma representativa (ainda que fraudulenta) da verdade – pretendendo passar por verdadeira, a desinformação imita a informação. Não menos do que a fofoca, a informação só será verídica ali onde o discurso separe rigidamente o acontecimento descrito e o ato de descrever, quem é sujeito de enunciado e quem é sujeito de enunciação; o acontecimento aí vira assunto, e a informação pode circular de relato em relato, sempre de segundos a terceiros, sem que a coisa relatada jamais se obtenha em primeira mão.

Idealmente, a representação não comportaria *atos* de linguagem, se é que os atos transformam os seus referentes, a exemplo da sentença e da promessa, da bênção e da maldição, das declarações de amor e de ódio. Mas mesmo a fofoca se assume, com frequência, como encenação e jogo em ato, enquanto o homem verídico da informação simula subtrair-se aos enfrentamentos para, tão apenas, e retroativamente, representar *estados* de jogos. Fazendo do signo um relatório de dados, um retrato mais ou menos fiel de situações, a linguagem informativa encobre uma disparidade profundamente inerente ao signo, e não surpreende que a obra de arte acabe esvaziada de qualquer informação: da obra, que é acontecimento, o homem da informação retém imagens indiretas, metadados, dados sobre dados. A maneira mais segura de não se informar sobre um filme é assisti-lo.[23]

---

[23] "Qual o entrelace da obra de arte com a comunicação? Nenhum. A obra de arte não é um instrumento de comunicação. A obra de arte nada tem a fazer com a comunicação. A obra de arte não contém, estritamente, a menor informação" (Deleuze, 2016, p. 341).

O problema não é que, nesse seu sentido habitual, reste pouca coisa para a informação, tese que tornaria incompreensível todo um clamor corrente contra o excesso de informação. O problema é que, indagada pelo que faz, e já não pelo que representa, a informação se descobre instrumento social para uma modelagem contínua da percepção e da ação. Deleuze (1992) alerta que, à falência das sociedades disciplinares, caracterizadas por constranger o movimento em espaços fechados, ou "internatos" (a prisão, a fábrica, o hospital, a escola...), o século da comunicação e da informação responde viabilizando os "controlatos", capazes de administrar movimentos em espaço aberto. Não se tem mais hora para começar ou parar de trabalhar, e mesmo os desvios já não precisam ser evitados, se podem agora ser computados e rentabilizados. Na nossa relação com a linguagem, teremos passado do interdito para a associação livre e a obrigação de falar; na nossa experiência do espaço e do tempo, teremos passado dos moldes às modulações, dos códigos às transcodificações virais. É nesse intervalo crítico entre regimes sociais que a comunicação surge, como campo de prática e pesquisa científica; por encomenda das indústrias da guerra e da telefonia, ela vem responder a problemas de transmissão de ordens e de governabilidade, se as forças corporais agora pedem uma modelagem ela mesma móvel, um controle ele mesmo flexível.

*

Ainda nos anos 1940, a Teoria Matemática da Comunicação trazia notícias de uma comunicação profundamente afetiva, apta a alterar condutas e candidata promissora a decifrar os funcionamentos da máquina, do diálogo e da consciência: "A palavra comunicação será aqui utilizada em um sentido bastante amplo para incluir todos os procedimentos pelos quais uma mente pode afetar outra" (Weaver, 1964, p. 3). No princípio, era a mente individual, una consigo mesma, em vias de exercer ação sobre outra mente individual. Essa teoria clássica não explicava como pudera encontrar um par de mentes mergulhado, desde já, no plano corporal das afecções. Uma teoria da comunicação entre corpo e mente podia, em todo caso, esperar, se o interesse estava inteiramente em representar a afecção como o resultado de um movimento voluntário, desde A até B. A preocupação do matemático se concentraria, desde então, no problema da composição de mensagens pelo indivíduo emissor, ressalvados eventuais acidentes de

GILBERT SIMONDON & A COMUNICAÇÃO MAQUÍNICA

transmissão, se a comunicação aspirava a tão somente "reproduzir em um ponto [receptor], seja exatamente ou aproximadamente, uma mensagem selecionada em outro ponto [emissor]" (Shannon, 1948, p. 379).

Assim se anunciam os objetivos do homem da informação, que tem por missão assegurar a reprodução, exata ou aproximada, de uma seleção original. O que primeiro caracteriza o emissor é a prerrogativa de selecionar. Mas uma teoria da escolha livre também pode esperar – a atividade seletiva do emissor se restringe ao conjunto do possível, e o emissor não tanto escolhe quanto recombina: as peças do jogo estão dadas, dispostas para composições mais ou menos improváveis, ou seja, mais ou menos *informativas*. O emissor herda, portanto, não apenas as peças da mensagem vindoura, como também certas regularidades composicionais, passíveis de mensuração: comparando um atual rearranjo de peças a uma amostra de combinações preexistentes, o cálculo probabilístico pode aferir o grau relativo de incerteza ou de infrequência da mensagem atual. Entramos na era da digitação: já conhecidas as letras do alfabeto e as dominâncias estatísticas que regram a composição frasal no português, o que resta, à frase pretensamente informativa, é sequenciar caracteres de maneira insólita. A descrição matemática da informação nasce, portanto, apreciando a liberdade de escolha: informativa será a escolha infrequente, entre as possíveis.

Não custa ver que a liberdade composicional só pôde ser mensurada à sombra de um molde, um retrato, um código inferido a partir de amostragem. As sínteses que presidem à seleção da amostra permanecem impensadas, como que recalcadas, donde o código simbólico se assuma arbitrário. Retroativamente, do ponto de vista de um código geral, como de uma língua já constituída, as mensagens todas se encontram desde sempre *futuradas* (Flusser, 2009). É dizer que, do ponto de vista do molde, a preeminência do original em relação às cópias incide não apenas sobre o canal e o receptor, mas também sobre o emissor, que será tão apenas um participante, um usuário, um emissário de possibilidades prescritas.

A rigor, a escolha livre não constitui problema para a Teoria Matemática da Comunicação, restando ao teórico combater interferências e acidentes de transmissão, já que as misturas corporais não param de comunicar variações imprevistas, composições involuntárias, mensagens indecifráveis. Para piorar, a régua da estatística, sem meios próprios para postular qualquer distinção de natureza entre ruído e informação, parece sugerir que, quanto mais desvie ao código, mais informativa será uma mensagem. É aí que, perigando igualar um máximo de informação a um máximo de ruído, o matemático impõe à comunicação um limiar mínimo de *redundância*. É que, muito antes de atender a um problema matemático, ele subordina a matemática a um dualismo de natureza moral. A mera quantidade não pode justificar ou respaldar a distinção entre informação e ruído, que só intervém como um prolongamento das oposições entre o útil e o inútil, o legítimo e o espúrio, o bom e o mau, o acerto e o erro, o desejável e o indesejável:

> É possível, portanto, que a palavra informação tenha boas ou más conotações. Incerteza que surge em virtude da liberdade de escolha por parte do emissor é incerteza desejável. Incerteza que surge devido a erros ou influência de ruído é incerteza indesejável. Fica assim evidente onde está a trapaça de afirmar que o sinal recebido tem mais informação. Algo dessa informação é espúrio e indesejável e foi introduzido pelo ruído. Para obtermos informação útil no sinal recebido devemos subtrair essa porção espúria (Weaver, 1964, p. 19).

Como não ver que a incerteza aí se submete à fabricação da certeza? A incerteza só é dita boa, legítima e desejável ali onde a informação emane de um emissário do possível, uma inteligência recombinadora de dados. No seu esquema fundador, a teoria da comunicação ergue tribunal para esconjurar a bastardia do ruído, e não é o matemático, senão um juízo moral quem vem cobrar da matéria uma dívida impagável, se é que a matéria anda deformando o juízo[24], desautorizado como o juízo de um corpo servil.

É que, entrementes, os materiais da comunicação abrem a mensagem à ação dos elementos, do acaso, do tempo – signos da escolha em processo e da escolha instituinte, afirmadora do impossível. A teoria transmissiva trata a matéria e o tempo como vetores de degradação, e caberia falar em um platonismo transmissivo, se cada mensagem precisa ser avaliada por seu grau de participação em uma forma idealmente subtraída ao jogo sinalético.[25] Para que uma informação quantitativa vença o ruído, é

---

[24] "Quando informei o couro com o sapato, transformei o couro, mas também deformei a ideia do sapato." (Flusser, 2015, p. 83).

[25] Notou-se que o ideal transmissivo de elisão do "canal" reencontra a situação da retórica aristotélica, cujo estudo se divide entre quem fala (emissor), o discurso pronunciado (mensagem) e o ouvinte (receptor). Pareceu-nos antes platônica, porém, a repartição hierárquica entre a mensagem escolhida e a cópia material passível de degradação.

GILBERT SIMONDON & A COMUNICAÇÃO MAQUÍNICA

preciso que as composições se submetam a um molde, é preciso que um mínimo de obrigação seletiva condicione a liberdade, e então um máximo de liberdade se poderá medir como um grau mínimo de obediência.

Estarão estabelecidas as condições técnicas para uma proliferação indefinida de cópias, mas não sem custos: a comunicação terá se absorvido a uma tese que, expurgando variações no meio do caminho (interferências no canal), deixa inexplicados o seu sentido afetivo e a sua capacidade de provocar mudanças (alteração do destinatário). Digitalizada no *bit*, a informação supõe um dualismo moral repartindo a escolha útil e o ruído ocioso, já que o seu sentido quantitativo perigava crescer em linha com a liberdade, como um teatro de sombras que, encavernado, recebesse reminiscências da luz de fora.

*

Se o ideal reprodutivo está fadado a fracassar, é que, de um ponto a outro no espaço, quando menos, o tempo passa. Essa abertura à mudança, já combatida em Shannon e Weaver, mas ainda impensada, vira objeto privilegiado de consideração pela cibernética, que percebe na materialidade da comunicação uma ameaça à integridade não apenas da mensagem, como também do sistema significante ao qual a mensagem deve a sua composição e o seu funcionamento previsível. Ancorada nas leis da termodinâmica, derivadas da observação de sistemas fechados, a cibernética confia que o tempo condena a vida a se desfazer em um estado final de equilíbrio na dispersão, aí onde nenhuma comunicação será possível.

A informação quantitativa de Shannon e Weaver convive de maneira antinômica com a informação neguentrópica da cibernética. Shannon começava identificando informação e entropia, pois a escolha informativa era a escolha incerta, e apenas um utilitarismo ulterior separaria o nonsense e o sentido, a informação espúria e a informação legítima. Com Norbert Wiener (1965), porém, é de saída e por definição que a teleologia utilitarista se instala no coração da comunicação, anunciada como uma ciência do controle. A informação agora se acha contradizendo a tendência entrópica: "Em controle e comunicação estamos sempre lutando contra a tendência natural de degradar o organizado e destruir o significativo [*meaningful*]" (Wiener, 1989, p. 17). Deve a comunicação trabalhar "contra as forças da confusão" (Wiener, 1989, p. 92), forças corporais que precipitam o barco em mar revolto, o sentido no caos, o *socius* na amoralidade: "a nossa maior obrigação é a de estabelecer enclaves arbitrários de ordem e sistema" (Wiener, 1964, p. 324).

Veremos a cibernética trabalhar rente ao informe, nas fronteiras de cada código interpretante, para observar e descrever fenômenos surpreendentes de auto-organização. Assimilada ao controle neguentrópico, porém, a cibernética deixa ainda impensado o intervalo, e resta o antigo dualismo hilemófico entre desordem (matéria inorgânica) e ordem (forma orgânica), incapaz de explicar o encontro dos díspares e balizador de uma comunicação hostil à mudança, temerosa de seus devires.[26]

Por etimologia, a cibernética remete à navegação. Sócrates usa a palavra no Alcibíades para recomendar um bom governo do próprio barco como condição para governar a cidade, isto é, a vida alheia. A metáfora náutica ganha conotações imperiais quando os romanos traduzem *kybernetikos* por *gubernator*, forma latina que deságua nas autoridades representativas dos nossos dias. O teórico da comunicação como controle do outro entra, assim, em uma série que oscila do capitão do navio ao governador do estado. A informação neguentrópica se absorve à palavra de ordem, ditando lei a uma natureza que, largada à própria sorte, dissiparia no caos, como à deriva em mar aberto. Daí que o maquinismo cibernético, em vez de descentrar o homem, tenha com frequência alimentado a tese de que a capacidade informativa se restringe à consciência humana, feito bandeira civilizatória hasteada contra os ventos de uma natureza em migração perpétua. Quando lança o método da complexidade, Edgar Morin (1977) dedica considerável porção do argumento a reprochar Wiener por dissimular o "ser sociológico" de uma informação que veste a lei da física apenas para melhor entregar-se ao imperialismo. Mas, se Morin (1977, p. 289) professa a necessidade de uma extrafísica, parece fora de questão uma extrabiologia da informação: "que nós saibamos e no nosso planeta, não existe informação extrabiológica. [...] o conceito de informação tem um carácter antropomórfico que me parece não-eli-

---

[26] Simondon traduz a oposição entre entropia e neguentropia em termos de "determinismo divergente" e "determinismo convergente". Jean-Hughes Barthelemy (2005, p. 121) insiste que o interessante "não é o caráter neguentrópico da informação, ao menos no sentido em que a neguentropia definiria uma probabilidade decrescente, uma vez que o caráter probabilístico, como veremos, é precisamente o que, aos olhos de Simondon, mutila a noção de informação e oculta sua *essencial equivocidade*".

minável".[27] A informação se emancipa à física para entrar em articulação transdisciplinar, mas não fica imune de recentrar-se na forma homeostática, e a cibernética não cansará de observar um pendor organicista. Se, de um lado, promete um maquinismo universal, a máquina informática tende a traduzir-se, de outro lado, à luz do organismo: "A informação é um conceito que conseguiu estabelecer uma ligação orgânica entre o universo físico, o universo biológico e o universo antropossociológico" (Morin, 1977, p. 289). A informação descreve, aí, um movimento circular de incorporação da desordem exterior.

*

Uma cibernética ecológica em Gregory Bateson (1972) enfrenta as implicações lógicas de tal processo e desenvolve com especial clareza a sinonímia entre informação e redundância. Um composto é redundante, segundo Bateson, quando basta observar uma parte sua, já se consegue predizer a forma da parte oculta: pode-se inferir seguramente, por exemplo, que uma planta observada distende, por ora invisíveis, raízes subterrâneas. Seria restringindo possibilidades interpretativas que a informação asseguraria a pertença das partes ao todo, arrazoaria as comunicações e facultaria a previsão: "A essência e *raison d'être* da comunicação é a criação de redundância, sentido, padrão, previsibilidade, informação e/ou a redução do aleatório por 'restrição'" (Bateson, 1972, p. 110).

Bateson investiga proficuamente o enquadramento do aleatório pela informação, sendo de especial interesse a sua teoria do duplo vínculo (*double bind*), que dramatiza o movimento inverso, de *desenquadramento*, ou a abertura da informação ao indecidível, a um puro entretempo de espera. O transtorno esquizofrênico envolveria uma não-resposta ou, mais precisamente, uma suspensão da reação, ali onde o paciente experimenta uma sobreposição de ordens opostas e mutuamente excludentes. Na cena patogênica, as interpretações concorrentes se entreanulam, produzindo no paciente a expectativa de ser punido, escolha o que escolher (Bateson *et al.*, 1956). O processo interpretativo engasga na incompatibilidade interna,

---

[27] Já a neguentropia de Vilém Flusser (2015, p. 45), fundada na intencionalidade e na redução eidética de Edmund Husserl, define "teoria da comunicação humana" uma comunicologia que observa a capacidade intersubjetiva de abstração informante contra a natureza, isto é, contra a morte. A comunicologia pós-histórica recusa a divisão dentro-fora em favor de uma "proxêmica" que reconhece o problemático pelo que está "mais próximo de mim".

e entram em crise os dispositivos de redundância que esconjuravam o acaso, como os princípios lógicos da identidade e do terceiro excluído.

Para esmiuçar o funcionamento desse distúrbio comunicacional, Bateson recorre à teoria dos tipos lógicos de Russell e Whitehead (1910), que ensina a evitar o paradoxo do círculo vicioso: deve uma classe prevalecer hierarquicamente sobre os itens nela contidos, vetando-se que o possuído de uma classe venha a possui-la. Bateson nota que as interações humanas não param de burlar esse veto lógico, sendo frequente que os interlocutores acionem em simultâneo, por esperteza ou distração, modos de comunicação com regras interpretativas conflitantes. Se resolvemos essa concorrência de ordens e elevamo-nos ao sentido "correto" de uma mensagem, é que, a cada vez, levamos em conta, segundo Bateson, um certo *contexto metacomunicacional*. Tanto mais quanto examinado ao nível das interações, o problema interpretativo dirá respeito, muito estreitamente, à elaboração de reações úteis, o que não passa sem que a comunicação precise adaptar-se a uma dada situação, a uma dada contextura por resolver. Ocorre que a intérprete esquizofrênica, quando não paralisa sem reação, reage de modo a suspender a contextura que prevenia um enlouquecimento interpretativo. Descontextualizado, o comunicado fica à mercê de um enlouquecimento latente:

> Em uma ala sob o comando de um médico dedicado e "benevolente", uma placa na porta do médico dizia "Consultório do Doutor. Favor bater". O doutor foi levado à distração e finalmente à capitulação pelo paciente obediente, que batia cuidadosamente toda vez que passava pela porta. (Bateson *et al.*, 1956, p. 16).

Bergson (1983) diz que rimos quando um corpo se mostra rígido demais para adequar-se à plasticidade exigida por uma situação. Agora, se o relato de Bateson faz rir, não é tão evidente que o riso tenha por objeto algum déficit interpretativo do paciente, que encena o sentido do enunciado com obstinada perfeição. Não seria antes a finalidade implícita da contextura que, demasiado rígida para suportar a intérprete literal, tropeça na repetição como nas próprias pernas?

A Teoria Matemática nada teria a reprochar na interpretação do paciente, que reproduz o imperativo ao pé da letra; o esquizofrênico obediente frustraria quem quisesse rir de ruídos de transmissão, como quem brinca de telefone sem fio: uma palavra secreta se lança como germe que propaga de corpo em corpo, a receber modificações imprevistas, embora

GILBERT SIMONDON & A COMUNICAÇÃO MAQUÍNICA

cada corpo devesse fornecer um canal dócil à sua passagem – o riso confia, então, na dessemelhança entre o sinal de entrada e o efeito de saída, como entre uma mensagem original e uma cópia degradada. Mas é noutro sentido que rimos quando lemos que a repetição maquínica de um comunicado desequilibrou a contextura "metacomunicacional", isto é, institucional, que regrava a sua boa interpretação e o seu bom funcionamento. Dois riscs discrepantes frequentariam a fronteira com o ruído: ora a acusação irônica de que os corpos não param de deformar um comunicado original, ora uma paciência que, de tanto e tão fielmente dramatizar um comunicado, toca o limite singular em que a sua finalidade pressuposta se extravia. A semântica argumentativa de Oswald Ducrot (1984) mostraria o "contexto metacomunicacional" pelo que efetivamente é, enquanto pressuposto situacional de um enunciado: a pretensão de instituir uma intérprete que não questiona, que não resiste à situação.

Entre a informação de Shannon e a informação de Bateson, o problema sinalético mudou, portanto, de estatuto. O matemático repartia o sinal em informação útil e incerteza ilegítima[28], testemunho ruidoso de comunicações estranhas ao código, decorrentes da abertura não-ideal do material deformável. A cibernética opõe mais a fundo informação e ruído, mas o ruído vai aos poucos infiltrando a forma, feito um paradoxo que a tensionasse desde dentro. Quando a cibernética identifica a informação à restrição do aleatório, já bate à porta um zigue-zague ilógico, patogênico – comunicação antes errante que redundante, antes bastarda que legítima.

*

Nela mesma, nenhuma unidade prévia – apenas incompatibilidades, disparidades, diferenças de potencial; em sua operação criadora, nada como a imposição de um quadro ou molde – se tanto, um desenquadramento, uma transformação sistêmica: "A informação não é uma coisa, mas a operação de uma coisa que chega em um sistema e produz uma transformação. A informação não pode se definir fora desse ato de incidência transformadora e da operação de recepção" (CI, p. 159).

Simondon descreve a informação como um ato impróprio, sem dono, incidência pura de uma singularidade ativa, afinal acoplada a um

---

[28] Já a teoria dos tipos lógicos rechaça os paradoxais círculos viciosos como "totalidades ilegítimas" (Russell; Whitehead, 1910, p. 40).

meio fértil. Nada representa. Não tem origem em estados de coisas nem de espírito. Ao contrário de referir situações, encena a chegada do estrangeiro, a invasão pelo parasita que, em falta de lugar, subsiste à margem de toda situação.[29] Se um corpo parece réplica de um molde, espécie de um gênero, item de uma classe, é porque teve achatadas as suas saliências, removidos os seus ciscos, descartadas certas "singularidades parasitas" (ILFI, p. 48) que, imperceptíveis, ameaçavam se espichar:

> [...] estando o germe presente, ele possui o valor de um princípio: sua estrutura e sua orientação submetem essa energia do estado metaestável; o germe cristalino, aportando apenas uma energia bem fraca, é todavia capaz de conduzir a estruturação de uma massa de matéria milhares de vezes superior à sua (ILFI, p. 116).

A terra vai pejada de pequenos traços de expressão que o dualismo hilemórfico elimina não tanto por imperícia quanto por representar uma perspectiva escravocrata. O cidadão aristotélico, senhor da sua casa, supõe possuir estados de alma e resguardar sua própria forma. Não se entranha nas coisas; tão somente imobiliza e compara os termos extremos do trabalho informativo – aqui a argila entra bruta, ali os tijolos saem idênticos. Teoria abstrata da individuação, que reflete "essencialmente a operação comandada pelo homem livre e executada pelo escravo" (ILFI, p. 58). Mesmo a apropriação dos meios de produção seria não uma causa de alienação, mas já o efeito de uma identificação mais profunda entre matéria e desordem. Nenhuma cena mítica fundadora, sequer um objetivo econômico para justificar a alienação; basta perceber-se o indivíduo como uma ordem de partida, e a diferença devém objeto por manipular, o outro devém corpo por dominar.

É que, uma vez recortada ao pré-individual, a forma individual retroage e aparece como um fundamento, um *a priori*. Como pôde aquela forma ser recortada, em primeiro lugar? Em vez de acrescentar à matéria qualquer coisa ou atividade que lhe faltasse, a forma não frequentaria a matéria como uma instância de subtração, de seleção passiva?

---

[29] A noção simondoniana de informação permite vislumbrar o parasitismo como o centro paradoxal de uma série contínua entre os polos extremos da relação simbiótica, do mutualismo cooperativo até a competição agressiva em meio escasso. Simondon descreve o acoplamento comunicacional, em todo caso, como "geralmente recíproco" (CI, p. 69), e a sua tese principal examina em detalhe a distinção entre parasitismo e simbiose como formas de associação assimétrica e simétrica.

O enquadramento situacional da informação cibernética, que Bateson descreve como uma restrição do aleatório, é bem o sentido que Simondon reserva para a noção de forma. Desatrelada da forma, a informação não mais precisa representar a guerra de um ordenamento orgânico contra a desordem exterior; a informação agora viabiliza uma teoria da relação, comunicação triádica entre o acaso e a necessidade. Em sua face voltada para o caos, a informação se diz singularidade ativa, germe de forma e ritmo; por sua face voltada para a forma, ela é variação imprevista, deformação:

> A informação está a meio caminho entre o puro acaso e a absoluta regularidade. Pode-se dizer que a forma, concebida como regularidade absoluta, tanto espacial quanto temporal, não é uma informação, mas uma condição de informação; ela é o que acolhe a informação, o *a priori* que recebe a informação. A forma é uma função de seletividade. Mas a informação não é a forma, nem um conjunto de formas, mas a variabilidade das formas, o aporte de uma variação relativamente a uma forma. Ela é a imprevisibilidade de uma variação de forma, não a pura imprevisibilidade de qualquer variação. Estaríamos então inclinados a distinguir três termos: o puro acaso, a forma e a informação (MEOT, p. 137).

Já se vê como o problema da seletividade se formulará de toda uma outra maneira, relativamente ao enfrentamento sumário que lhe dedicara a Teoria Matemática da Comunicação. A informação não mais representa, com tal ou qual grau de fidelidade, os diferentes estados do que passou, do que acaba de passar, do que provavelmente vai se passar. A informação é ruptura e alteração em ato. Comporta paradoxos, pois não a encontramos sem que ela suspenda as condições do encontro, não a vemos sem que ela deforme os limites do visível. Nada mais distante de uma conformação, um molde, um ajustamento. A relação informativa se aproximaria da aprendizagem – menos uma coleta de dados do que um acolhimento do inóspito, menos um conhecimento dos fatos do que um estranhamento em si.

Já não cabe igualar informação e aplicação de moldes, mas tampouco dizer que a informação transita do não-formado à forma, como obediente a uma finalidade implícita; a informação também cumpre o caminho inverso, aquele que põe na forma algo de disforme. Para o simondonismo, a informação não é a réplica sensível de um código; é o código que se subordina à informação como àquilo que o falseia e o institui:

> [...] não se deve chamar "informação" aquilo que emerge da expressão natural de um código, mas exclusivamente o que produz a interrupção na continuidade de processos comunicacionais, uma crise no funcionamento autorregulatório dos sistemas, e que pode disparar, enfim, uma reconfiguração estrutural do sistema (Bardin, 2015, p. 27).

Nem uma recombinação de dados (informação quantitativa), nem uma redução do aleatório (informação neguentrópica) podiam descrever a informação ali onde ela se dava, em uma zona intervalar e criadora. Seria o caso de falar em qualidade da informação?

Para uma tese defensora de uma informação qualitativa, Simondon consulta a Gestalt, escola de psicologia que conclui pela maior "pregnância" das formas simétricas. Desta vez, é à sombra de uma lei explícita de equilíbrio formal que os traços irregulares vão aparecer como supérfluos, parasitários. Seria um problema estranho para uma leitura estritamente quantitativa da informação, cuja hegemonia discursiva encaminha o fetiche pelo *hi-fi*, ou a valorização da "resolutividade", da "fidelidade" dos suportes materiais de inscrição sinalética. Do ponto de vista quantitativo, o equilíbrio formal demanda pouca resolução, e o enquadramento técnico passa mais trabalho com uma dispersão irregular de grãos do que com uma arquitetura harmônica ou uma marcha uniforme:

> [...] a transmissão da imagem de um punhado de areia, ou de uma superfície irregular de rocha granítica, demanda a mesma quantidade de sinais que a transmissão da imagem de um regimento bem alinhado ou das colunas do Partenon. [...] Poder-se-ia mesmo dizer que a quantidade de sinais parece aumentar, enquanto as qualidades da forma se perdem; é tecnicamente mais fácil transmitir a imagem de um quadrado ou de um círculo que a de um punhado de areia (ILFI, p. 359).

O que une os partidos da alta resolução, da restrição do aleatório e do equilíbrio estrutural é um desejo comum de apaziguar e eliminar irregularidades. Simondon chega a sentir a necessidade de lembrar que uma imagem eventualmente nos intriga enquanto mancha disforme, indefinida, irresolvida. A informação é o que põe o sentido em jogo, o que nos convida à descrição de uma diferença significativa, que aporta um sentido em variação. É como se Simondon denunciasse um esquecimento inscrito no conceito de informação – o esquecimento de sua disparidade interna, de uma concorrência de ordens desniveladas, sem a qual a informação não se explica:

> [...] uma informação não é jamais relativa a uma realidade
> única e homogênea, mas a duas ordens em estado de *dispa-*
> *ração*; [...] ela é *a significação que surgirá quando a operação*
> *de individuação descobrir a dimensão segundo a qual dois reais*
> *díspares podem devir sistema*; a informação é, portanto, um
> disparo de individuação, uma *exigência de individuação*, ela
> não é jamais coisa dada; não há unidade e identidade de
> informação, pois a informação não é um *termo*; ela supõe
> tensão de um sistema de ser (ILFI, p. 26-27).

Por privilegiarem atos de mediação criadora em ciência, os exames
de Simondon anotam incompatibilidades entre uma série dedutiva e uma
série indutiva, entre movimentos de integração e de diferenciação. Con-
templados outros domínios de criação, modificam-se também as faces
da incompatibilidade: disparidade metafísica entre o tempo e o espaço,
disparidade psicológica entre a lembrança e a percepção, disparidade
cinematográfica entre o sonoro e o visual. Os díspares se acoplariam em
signo tensivo, viabilizado por um movimento ziguezagueante que Simondon chamou de transdução. Nesse centro mais uterino do movimento
informativo, o que se encontra não é o sujeito nem o objeto, mas uma
operação conversiva, desde já um descentramento. É curioso ver como a
língua, avizinhada ao paradoxo e ávida por exprimir suas disparidades
internas, repleta-se de anáforas, repetições, declinações de acento:

> [...] uma *pluralidade de díades coordenadas conjuntamente*, isto
> é, já uma *rede*, um esquema, algo de uno e de múltiplo ao
> mesmo tempo, que contém uma correlação entre os termos
> diferentes, uma rica correlação entre os termos diferentes
> e distintos. Uno e múltiplo, ligação significativa do uno e
> do múltiplo, essa seria a estrutura da forma. Sendo assim,
> poder-se-ia dizer que a boa forma é a que está *próxima do*
> *paradoxo, próxima da contradição*, apesar de não ser contra-
> ditória em termos lógicos; e assim se definiria a tensão da
> forma: *o fato de se aproximar do paradoxo sem devir um para-*
> *doxo, da contradição sem devir uma contradição* (FIP, p. 593).

Russell e Whitehead (1910) acusam paradoxo quando o item de uma
lista inclui a própria lista em sua definição, tal um círculo vicioso que ameaça
a hierarquia entre proprietário e possuído, entre continente e conteúdo. Por
onde passa, Simondon vai suspendendo as totalizações e aproximando os
sistemas ao paradoxo. Da coesão sígnica, Simondon por vezes diz "quase-
-sistema", mas não é que reste alguma distância de grau entre o signo e a
unidade – "quase" quer dizer *como se*, unidade de um jogo. E se, noutra parte,

Simondon diz que o ser é "mais-que-um", é que a incidência informativa mostra essa quase-unidade virando mais do que era e menos do que será, revolvimento indiscernível do passado e do porvir.

A noção de informação não mais assegura uma continuidade transdisciplinar, fundada ainda, e em toda parte, em um privilégio antropológico por vezes declarado; com Simondon, a informação vem provocar uma crise geral dos sistemas classificatórios e das balizas disciplinares. Como sobrevivem e se justificam, então, as classificações simondonianas, como aquelas que distinguem a individuação nas modalidades física, vital e transindividual?

As classificações trifásicas distinguem níveis de defasagem relativamente à afasia pré-individual. Passamos de um nível a outro por dobraduras topológicas e variações de velocidade. A individuação vital, por exemplo, descreve meios de interioridade que selecionam materiais segundo *regimes* de informação ou de expressão; é a forma homeostática do organismo que, aliás, suscita a imagem de circulação redundante que a cibernética faz da comunicação. Um qualquer recorte no pré-individual recorta não tanto indivíduos quanto acontecimentos, hecceidades, o que Simondon por vezes chama de *teatros* de individuação. Vimos que, para a obtenção de uma hecceidade, não basta partir da matéria formada, mas tampouco basta alegar o esforço manual que trabalha a matéria, reconhecer em cada gesto o signo do instante, para uma informação de assinatura sempre única, a cada vez suportada por uma matéria bruta sem história.[30] O princípio de individuação não nos chega de uma ordem superior à da matéria, como faria crer uma "elaboração técnica que resume arbitrariamente, sob forma de qualidades da matéria, as formas que a constituem como ser já estruturado antes de qualquer elaboração" (ILFI, p. 66). Faltaria ver que toda sorte de motivos moleculares imprime formas implícitas à matéria, feixes de singularidades que "são informação na operação de tomada de forma: aqui, são elas que modulam o gesto e dirigem parcialmente a ferramenta, impelida globalmente pelo homem" (ILFI, p. 62). É bem como se a hecceidade remetesse a uma capacidade material de modular diferentes operações de estreitamento e dilatação, de

---

[30] De acordo com esse último ponto de vista, "tal tijolo é diferente daquele outro, não somente em função da matéria que se toma para fazê-lo [...], mas também e sobretudo em função do caráter único do desenrolar da operação de moldagem: os gestos do obreiro nunca são exatamente os mesmos; o esquema talvez seja um único esquema, do início até o fim do trabalho, mas cada moldagem é governada por um conjunto de acontecimentos psíquicos, perceptivos e somáticos, particulares" (ILFI, p. 69).

obstrução e liberação de gestos: "não se pode fazer um objeto em madeira cujos detalhes seriam de uma ordem de grandeza inferior à das células ou dos conjuntos celulares diferenciados, enquanto existem" (ILFI, p. 63). No limite, a saída simondoniana é conferir "valor de ser" a uma superfície anônima, na qual o fora e o dentro comunicam-se indiscerníveis:

> [...] não se pode distinguir o extrínseco do intrínseco; o que é verdadeira e essencialmente o indivíduo é a relação ativa, a troca entre o extrínseco e o intrínseco [...] a interioridade do indivíduo não existiria sem a operação relacional permanente, que é individuação permanente. O indivíduo é realidade de uma relação constituinte, e não interioridade de um termo constituído (ILFI, p. 77).

Mais íntima do que uma interioridade relativa, orgânica, e mais forânea do que uma exterioridade relativa, empírica, subsiste uma membrana pré-individual que, em desdobramento assimétrico, relaciona um dentro e um fora absolutos, em comunicação topológica, imediata, sem distância.

*

Pablo Rodríguez (2012, p. 131) entende que Simondon, construindo "um novo ponto de vista sobre a materialidade", "antecipa as dispersões que estão agora em curso de se produzir nas disciplinas pós-cibernéticas e pós-sistêmicas" (Rodríguez, 2016, p. 220). Como, então, essa informação intensiva, que Simondon apresenta em 1958, convive com a informação que ainda hoje rumoreja entre as ciências, a ponto de sugerir que a matéria inorgânica porta germes de pensamento?

O que mobilizara os primeiros engenheiros da informação havia sido, com efeito, a fronteira problemática entre os suportes materiais e a forma inteligível. Em artigo escrito para a AT&T no início dos anos 1920, Harry Nyquist (1924) estipulava como otimizar a transmissão telegráfica de "inteligência"; colega de Nyquist e intercessor da teoria que Shannon publica em 1948, Ralph Hartley é quem sugeriria nomear "informação" essa inteligência materialmente embarcada e ainda assumida, nos seus pressupostos, como conhecimento humano aplicado sobre os meios materiais. Seria preciso esperar que uma segunda onda da cibernética (Maruyama, 1963), nos anos 1960, considerasse uma aptidão criativa inerente ao caos; desde então, os desvios e os paradoxos, em vez de mensageiros da desordem, passam a sinalizar a promessa de normatividades inusitadas, de ordenações ainda por descrever.

Robert K. Logan, físico e ecologista de mídias norte-americano, tem escrito páginas que positivam a incerteza e acompanham a remissão mcluhaniana do sentido da comunicação ao meio material. Agora, o que será um meio? Como se individua um meio? Logan (2012, p. 78) define o meio por limites contextuais, desde que o contexto se veja percorrido por uma energia livre que lhe abra, ao infinito, as possibilidades informativas: "em um sistema biótico, a incerteza permanece infinita pois o número de possibilidades do que pode evoluir é infinitamente não-enumerável". Basta que o contexto respeite balizamentos disciplinares, porém, e a informação já volta a designar uma forma: "Esse modelo vale para linguagens em que a gramática é o princípio organizador e os componentes são palavras individuais ou a semântica" (Logan, 2012, p. 89). Enquanto a exigência transmissiva pretendia aplicar uma escolha informativa sobre meios inertes, a exigência disciplinar se inclina à obtenção de informações do meio, e o ruído indesejável passa a ser aportado pelo ato de observar, enquanto ato implicado.

Convém abandonar a alternativa entre uma comunicação transmissiva, preocupada em proteger uma programação social contra as influências do meio ruidoso, e uma comunicação empirista, preocupada em proteger o meio informativo contra as influências de um observador que não cessa de afugentar o aparecimento da coisa em si. Em um caso como no outro, uma imagem representativa do signo elide a sua atividade maquínica, a sua realidade de aprendizagem em ato. A prática científica não encontra a informação sem revirar suas fronteiras e surpreender-se não representativa, mas fabricadora de visibilidades: "da crítica ondulatória decorre que o corpúsculo não tem mais realidade que a composição que o faz aparecer" (Bachelard, 1978, p. 133).

Não que o problema da informação deságue na afirmação dos hibridismos, das misturas, das interpenetrações. O embaralhamento confuso das coisas é um gatilho de pesquisa, uma constatação de largada, e não uma descoberta. O que Simondon sugere é que, de cada misto, distingamos suas faces incompatíveis; e, de cada encadeamento ordenado, remontemos à tensão, à instabilidade que aquele encadeamento vem resolver:

> [...] o indivíduo é a autoconstituição de uma topologia do ser, que resolve uma incompatibilidade anterior pelo aparecimento de uma nova sistemática; o que era tensão e incompatibilidade

> devém estrutura funcionante [...]; a instabilidade se comuta
> em metaestabilidade organizada, perpetuada, estabilizada
> em seu poder de mudança; assim, o indivíduo é uma axiomá-
> tica espaçotemporal do ser [...]; a tensão devém tendência;
> o que era apenas segundo o instante, antes da individuação,
> devém ordem no contínuo sucessivo (ILFI, p. 391).

Uma vez estabilizada, uma axiomática pode ser aplicada quanto se queira como um critério de recorte fenomênico, e não deve surpreender que o seu quadro de sintomas se veja repetido e verificado em toda parte. A representação de situações e o discurso verificável são moldes de um conhecimento indefinidamente retroativo, concernente tão somente às formas, como aos resultados de um processo. A forma é um resultado feito regra, regime de seletividade, ferramenta para a manipulação de materiais e o controle sobre encadeamentos de situações. A forma é fotográfica. A informação, no entanto, não é um quadro, nem um quadro de quadros; ela é a imprevisibilidade de um desenquadramento e a necessidade reno-vada de uma tradução. Ultrapassada a lógica da representação, resta uma informação que só pode ser experimentada em ato: "uma teoria da tensão de informação supõe como aberta a série possível de receptores: a tensão de informação é proporcional à capacidade que um esquema tem de ser recebido como informação por receptores não definidos de antemão" (FIP, p. 594). Fissura singular entre enquadramentos incompatíveis, irrupção de uma imagem direta do acontecimento: "a informação, a singularidade do 'hic et nunc' da operação, acontecimento puro na dimensão do indivíduo que está aparecendo" (ILFI, p. 59).

3.3 Um demônio no intervalo: a metaestabilidade como retorno da afasia

> *Vai-se ao encontro de uma selvageria anterior à vida.*

> *Marguerite Duras*

Antonin Artaud (1965, p. 9) envia poemas a Jacques Rivière solici-tando uma publicação que o admitiria entre os seres pensantes: "Para mim, trata-se não menos do que saber se tenho ou não o direito de continuar pensando, em verso ou prosa". Insiste que o editor contemple o caos íntimo do qual ele, Artaud, precisa arrancar um ato de escrita: o pensamento o abandona, bem antes que a mão chegue a escrever. Tão logo aparecem, as formas já somem, varridas em alta velocidade. Para concatenar ideias, será imenso o custo e longo o tempo, se uma turva inquietação raro deixa a língua descansar qualquer cristal firme.[31] Para um testemunho de que chegou um dia a pensar, Artaud envia aos homens letrados da *Nouvelle Revue Française* os farrapos, os poemas desajeitados que a sua existência espiritual, incerta e intermitente, deixara ao passar. Rivière contesta, como apanhasse o interlocutor em contradição: embora os poemas fossem perfeitamente ilegíveis (estranhos, desleixados, desconcertantes, numa palavra – impublicáveis), vinha lúcido o relato epistolar sobre as tribulações de um pensamento inviável. Um pouco de paciência para eliminar certas imagens e traços divergentes, e Artaud engendraria, sem dúvidas, uma estrutura poética harmoniosa. Por que não publicar, aliás, as cartas?

Poucas vezes terá se apresentado tão descaradamente a ideia de *submeter* um texto para publicação, se a tarefa artística implica, em Artaud, uma denúncia implacável do prosaísmo que se presta a simular uma consciência escorreita, imune à sua própria erosão, alheia à subsistência de um massacre subterrâneo, berço violento do qual a consciência saiu, palco instável no qual a consciência se encena.

Uma década mais tarde, Artaud viaja à terra dos Tarahumaras e inspeciona rochas mexicanas lanhadas com traços de caos e nascimento, inscrições memoriais de corpos massacrados, signos de um pensamento forjado em combate incessante. Quanta vontade, pergunta-se, até que um mínimo movimento chegasse a se incorporar, e até que esse corpo chegasse a viver, a respirar? Detesta o intercâmbio discursivo de consciências e ama Van Gogh dos campos em labareda, das pequenas vírgulas turbilhonares, dos despenteamentos cósmicos, lembranças perenes de "um tempo em que não havia alma, nem consciência, nem pensamento, apenas elementos crus alternativamente encadeados e desencadeados" (Artaud, 1965, p. 158).

Não parece que a comunicação tenha qualquer coisa a oferecer a Artaud, cujo problema não é transmitir mensagens para uma audiência cativa, nem dominar os códigos da interação social, nem refletir consigo mesmo sobre o que quer que seja. Mas, obstruída, forçada ao silêncio, a comunicação talvez encontrasse em Artaud a ocasião de nascer do incomunicável, como do seu avesso afásico, o seu lado de fora. Como dizer

---

[31] Saussure (2006, p. 130) teria intuído essa afasia "anterior" ao acoplamento entre significante e significado: "nebulosa onde nada está necessariamente delimitado".

qualquer coisa de um tempo que trava a língua, que lança as formas ao precipício? Como se comunicaria uma inconsciência absoluta, anterior aos imperativos sociais da correspondência e da troca, aos sistemas de equivalência, à vida orgânica? Como qualquer coisa sairia de um quase-tempo de silêncio afásico, admitida a longa e agoniada espera que ele impõe à escrita? E não arrisca uma pesquisa paralisar ali onde se apronta a concluir, sem mais, que apenas traduz o intraduzível?

*

Simondon se vê numa incessante pesquisa de materiais, organismos, máquinas, campos energéticos, sem jamais fazer concessão à estabilidade aparente da matéria formada, sem que qualquer indivíduo prévio venha a ocupar um lugar de fundamento dos fenômenos. Incessante a sua pesquisa pelo que chama de natureza, mas a natureza nomeando diferenças de potencial – natureza nela mesma desnivelada, deslizante. Seria também esse o deslizamento de um método entredual que, onde passasse, procederia abrindo tríades. Entre o inconsciente e a consciência, por exemplo, Simondon invoca os direitos de uma subconsciência mediatriz[32]: "As consciências não bastariam para assegurar uma comunicação; é preciso uma comunicação das condições das consciências para que a comunicação das consciências exista" (ILFI, p. 395). É enquanto intuição entredual que lhe convém a ideia de metaestabilidade, sugestiva de um intervalo comunicante entre o instável e o estável, o caos e a ordem. Uma comunicação metaestável, intervalar – o que isso quer dizer?

A física invocava a ideia de metaestabilidade para descrever sistemas em desequilíbrio, na iminência de passarem para um próximo estado, supostamente mais equilibrado. A metaestabilidade oferecia, então, a imagem de um estado dito *inicial*: os sistemas começavam problemáticos, assimétricos, desnivelados, como esperassem pelo incidente que os precipitaria a recair até um estado dito *final*, a rigor mediano, se é que a finalidade prevê uma equivalência geral, um apaziguamento de tensões, enfim, o desinteresse. Seria metaestável, por exemplo, uma situação inicial composta por um equilibrista, uma corda esticada sobre

---

[32] Nosso capítulo 5 reporta os alastramentos transdutivos ao inconsciente; ao nível de uma subconsciência mediatriz é que encontramos os esquemas estéticos, éticos e simbólicos que modulam os alastramentos transdutivos.

o abismo e uma plateia de cidadãos que, ao nível do chão, torcesse por uma queda fatal; nessa famosa cena nietzscheana, o público rumaria para casa ao fim do espetáculo, o corpo morto do equilibrista estabilizado, afinal, ao rés do chão – a menos que Zaratustra o tomasse nos ombros como um amigo, fazendo dele um gatilho e um germe de novos problemas, de novas linhas de vida.

O que Simondon observa é que chamamos de vivos os sistemas capazes de conservar desequilíbrio, quer dizer, capazes de prolongar uma problemática: "[O devir] é uma resolução de tensões primeiras e uma conservação dessas tensões sob forma de estrutura; em um certo sentido, poder-se-ia dizer que o único princípio pelo qual se pode guiar é *aquele da conservação do ser através do devir*" (ILFI, p. 17).[33] Se os termos de um sistema vivo entrassem todos em relações de troca homogênea, o sistema morreria. Não que a metaestabilidade esteja livre de riscos. Ela comporta os perigos próprios às precipitações, às deformações, às arritmias e aos descontroles; mas já não confundiremos a linha que leva a uma inconsciência inorgânica, ou ao tempo titânico de que escreve Artaud, com a tanatologia dos sistemas de troca. A ideia de corpo sem órgãos não anuncia o corpo sem sentido ou a mera desordem; vai-se ao grau zero da comunicação por saturação de sentido, como ao encontro do que não se conhece, do que não se totaliza, do que não deixa prever seus resultados:

> [...] no ser anterior a qualquer devir, é a potência do devir resolutivo que está contida, pela incompatibilidade que ele poderá compatibilizar, mas não a linha de existência desse devir, que não está dada de antemão e não pode estar pré-formada, pois a problemática é sem fases (ILFI, p. 483).

Se o corpo sem órgãos é um grau zero, já não chegamos a ele seguindo uma linha de morte ou uma tendência ao repouso. Ali onde especula insubordinar o desejo ao princípio do prazer, Freud (1989) tomaria o cuidado de preservar os direitos da vida psíquica, reservando a pulsão de morte para o nível da vida orgânica. Não que, para sugerir uma tendência do orgânico a repousar no inorgânico, o psicanalista tenha buscado inspiração na física; diríamos antes o contrário: é a física que se ancora em pressupostos subjetivos, quando representa sistemas tendentes ao equilíbrio. As leis homogeneizantes da troca de calor não se inferem a

---

[33] E ainda: "a transdução caracteriza-se pelo fato do resultado dessa operação ser um tecido concreto que compreende todos os termos iniciais; o sistema resultante é feito concretamente e compreende todo o concreto; a ordem transdutiva conserva todo o concreto e caracteriza-se pela *conservação da informação*" (ILFI, p. 32).

partir de resultados experimentais sem antes se deixarem antever por uma suposição de saída, prescrita pelo conceito novecentista de sistema: devia o cientista examinar totalidades fechadas, para uma observação apta a emitir juízo sobre as partes de um conjunto, como sobre os casos, indefinidamente replicáveis, de uma lei geral.

Faltasse explicação melhor, a variedade crescente da vida ficaria assinada como obra do demônio. No último terço do século XIX, James Clerk Maxwell lança a hipótese de um mediador microscópico que, aninhado nos interstícios da matéria, falsearia a função de troca e voltaria, a cada vez, a instaurar desníveis, discriminações seletivas, tensionamentos entre o rápido e o lento, o quente e o frio, o alto e o baixo – a imagem termodinâmica para o nascimento do mundo. Se o mundo escapava à precipitação prescrita pelas leis de equivalência, é que o tempo comportava intervalos de reinjeção de metaestabilidade, entretempos demoníacos de desnivelamento. Essa hipótese não ficaria enterrada no século XIX; veremos a cibernética, configuradora e administradora dos mais recentes dispositivos de controle social, recuperar a sugestão de Maxwell. Nas frestas invisíveis do tempo, moraria, de fato e em pessoa, um demônio criador, capaz de afirmar e multiplicar o diverso:

> [...] pode haver um intervalo de tempo apreciável até que o demônio seja descondicionado, e esse período pode prolongar-se a ponto de chamarmos de metaestável a fase ativa do demônio. Não há razão para supor que demônios metaestáveis não existam de fato (Wiener, 1985, p. 58).

A metaestabilidade nomeia a fase ativa do demônio. Mas o que acontece nesse intervalo metaestável, para que ali a aniquilação das diferenças seja adiada, revertida, desmentida? Não custa ver que, transvalorada por Zaratustra, a morte do equilibrista vai disparar movimentos e viabilizar novas maneiras de sentir, de perceber e de pensar. O que se passa, então, nessa fresta da transvaloração, da contra-efetuação do acontecimento?

Talvez por recusar a imagem herética de um Deus que brincaria com dados, a inteligência científica traduzira como demoníaca a conservação da metaestabilidade, que encaminhava uma cosmologia lúdica, entretida com o jogo da contingência. Quando a segunda metade do século XX sentir a necessidade de repensar os postulados da termodinâmica novecentista, o físico Ilya Prigogine e a química Isabelle Stengers se verão recuperando a tese bergsonista da evolução criadora. As ciências da natureza passariam a afirmar a irredutibilidade da incerteza, e uma implicação cosmológica do acaso levaria a uma reformulação das descrições físicas de tempo e de sistema: "Apenas quando um sistema apresenta comportamento suficientemente aleatório pode a diferença entre passado e futuro, e, portanto, a irreversibilidade, entrar em sua descrição"[34] (Prigogine; Stengers, 1984, p. 16).

*

Não haverá algo como a humanidade em geral, ideia essa de uma totalidade antropológica que abarcaria as diversas culturas, e tampouco existirá um elemento psicológico último. Mas o problema não é tanto que, em ciências humanas, o particular e o geral careçam ambos de fundamento – o problema é que as ciências humanas deixem impensada a comunicação entre os seus termos incompatíveis, como entre o interior e o exterior, o singular e o universal. Simondon encontra na noção de *potencial* uma chave para que, sem totalização nem atomização, as ciências humanas entrem em comunicação, isto é, elaborem o seu plano de consistência.

Na conferência *Forme, information et potentiels*, proferida em 1960 na Sociedade Francesa de Filosofia, Simondon defende substituir a noção de virtualidade[35] pela de potencial. É como se a veemência e a clareza de Bergson não tivessem bastado para prevenir o virtual de se confundir, muito facilmente, com a "simples possibilidade" (FIP, p. 600). Para obtermos o conjunto do possível, acrescentamos à existência uma falta, em uma extra-polação mental do existente por semelhança e recombinação do que já aconteceu. Mas os potenciais em nada se assemelham ao existente, embora sejam perfeitamente reais e ativos, como a energia de um intervalo tensio-nado entre termos disparatados: "a realidade da energia potencial não é a de um objeto ou a de uma substância que consiste em si mesma, 'não tendo necessidade de nenhuma outra coisa para existir'; ela tem necessidade, com efeito, de um sistema, isto é, pelo menos de outro termo" (ILFI, p. 87).

---

[34] A física e química aí recuperam ressonância não somente com a duração de Bergson, mas também com o *clinamen* de Lucrécio, a espacialidade aristotélica e uma concepção de acaso que, ainda no final do século XIX, Peirce contrapunha ao vetor homogeneizante da termodinâmica. Para essas articulações, consulte-se Prigogine e Stengers (1984, p. 301-310). Para as articulações entre Simondon e Prigogine, consultamos o excelente artigo de Atamer (2011).

[35] Deleuze pensa o pré-individual como um campo virtual-ideal, o que não passa sem torções sutis que se evidenciam em *Diferença e Repetição* e entre as quais destacamos um aporte matemático infrequente em Simondon. Para as consequências de ter Simondon buscado a noção de singularidade junto à física, enquanto Deleuze a busca na matemática, consulte-se o artigo de Judith Michalet & Emmanuel Alloa (2013).

A realidade do potencial supõe um desnível entre as séries de um quase-sistema; qualquer flutuação intervalar aí suscitaria uma alteração do sistema – assim um jogo que, a cada lance, voltasse a colocar as suas regras em jogo. Que sejam reais os potenciais, a sua realidade não é representativa nem prescritiva. O potencial não é *de* um emissor, nem *para* um receptor; encontra-se entre os termos, como um intervalo de indeterminação, também chamado de natureza:

> Pode-se nomear natureza esta carga de indeterminado; não se deve concebê-la como pura virtualidade (o que seria uma noção abstrata que compete, em certa medida, ao esquema hilemórfico), mas como verdadeira realidade carregada de potenciais atualmente existentes como potenciais, isto é, como energia de um sistema metaestável. A noção de virtualidade deve ser substituída pela de *metaestabilidade* de um sistema (ILFI, p. 467).

Incansável necessidade simondoniana de ultrapassar o raciocínio dilemático: o que primeiro faz a ideia de metaestabilidade é desautorizar alternativas mutuamente exclusivas entre o instável e o estável, a desordem e a ordem, o acaso e a necessidade. Já Bergson denunciava a desordem e a falta como noções negativas, baseadas no sentimento da expectativa frustrada – esperava-se uma coisa, mas eis que o tempo substitui aquela coisa por outra, inesperada e inutilizável; a existência aparece faltosa e desordenada para quem gostaria que ela hospedasse uma só ordem. Decerto o intervalo metaestável não entrega qualquer ordem visível, mas ele só seria deficitário ou desordenado se fosse *relativo*, isto é, *comparável* a algum fundamento ou centro de dominância; experimentado em si, o intervalo se acha saturado de ordenações dessemelhantes. O pré-individual simondoniano busca inspiração no ἄπειρον (*ápeiron*, ilimitado) dos pré-socráticos, pensadores de uma natureza anterior à dialética:

> Poder-se-ia nomear *natureza* esta realidade pré-individual que o indivíduo porta consigo, procurando reencontrar na palavra natureza a significação que os filósofos pré-socráticos lhe conferiam: os Fisiólogos jônicos encontravam nela a origem de todas as espécies do ser, anterior à individuação; a natureza é *realidade do possível*, sob as espécies desse ἄπειρον do qual Anaximandro faz sair toda forma individuada (ILFI, p. 455).

As filosofias pré-socráticas reivindicavam amizade com os elementos, que devolviam ao pensamento uma imagem da substância cosmogônica: a água em Tales, o ar em Anaxímenes, o fogo em Heráclito. A contribuição de Anaximandro estaria em não mais partir da imagem de algum elemento distinto e qualificado. É enquanto tempo puro que o *ápeiron* se reparte, dando vez a polarizações qualitativas como aquelas entre o seco e o molhado, o frio e o quente, espectros intensivos orientados, desenvolvidos em extensão. Com Anaximandro, a ideia de princípio já não admite fundação em um elemento primordial, e o princípio vira uma reivindicação de direito, ali onde as distinções de fato encontram a sua madrugada e o seu nascimento.

Por que um filósofo moderno emprestaria à física as ideias de metaestabilidade e de potencial, se o ilimitado já se achava dito e ensinado pela sabedoria antiga? [36]

Anaximandro teria ainda lamentado a repartição do contínuo. A existência atual era mundo tombado, progressivamente degradado a partir do ilimitado, e a intuição do pré-individual ficava, assim, à mercê do platonismo. O mundo antigo pressentia, sem conseguir ainda formular, o problema da comunicação entre incompatíveis:

> Havia, entre os Antigos, equivalentes intuitivos e normativos da noção de metaestabilidade; mas, como a metaestabilidade geralmente supõe a presença simultânea de duas ordens de grandeza e a ausência de comunicação interativa entre elas, esse conceito deve muito ao desenvolvimento das ciências (ILFI, p. 18).

A ultrapassagem conceitual dos dualismos que opunham a ordem à desordem, o estável ao instável, o contínuo ao descontínuo é contemporânea das mutações sociais que provocariam o surgimento de uma ciência preocupada em administrar movimentos microscópicos: os demônios intervalares que a física fabulara a fins do século XIX eram irrupções de um tempo livre que a cibernética, a meados do século XX, desejará programar.

*

É num mesmo lance que o indivíduo simondoniano acolhe a contingência e não se deixa enclausurar em cadeias de causalidade circular.

---

[36] Para um desenvolvimento da diferença entre o *ápeiron* e o pré-individual, consulte-se o artigo de Sarah Margairaz (2003).

Enquanto se perpetua em metaestabilidade, ele implica um meio obscuro, sem centro fixo, resistente às coordenadas espaçotemporais. Ele é, de uma vez, resultado e meio de individuação, contemporâneo da operação que o faz aparecer. Não assume dimensionalidade sem mergulhar a sua face obscura em um tempo de elaboração: "o pré-individual é a fonte da dimensionalidade cronológica e topológica" (ILFI, p. 217).

Inseparável de sua carga pré-individual, o indivíduo não é cópia de um modelo nem obedece a classificações por gêneros e espécies. Os indivíduos se distinguem por níveis de tensão e relações de velocidade; um indivíduo é meio tensivo de velocidades e lentidões, meio que não se estabiliza sem uma operação invisível de compatibilização. Não são as operações vitais e psíquicas que carecem ser explicadas por um ajuntamento progressivo de indivíduos físicos; é a individuação que, esquecida de si, se diz física: "A individuação física é aqui considerada como uma individuação que queima etapas, que não permanece suficientemente em suspenso na sua origem" (ILFI, p. 475). Ali onde uma operação se atualiza sem reservas, resulta o indivíduo físico, tempo fossilizado, em situação de fotografia:

> Se o aparecimento do indivíduo faz desaparecer esse estado metaestável, diminuindo as tensões do sistema no qual ele aparece, o indivíduo devém inteiramente estrutura espacial imóvel e não evolutiva: é o indivíduo físico. Em contrapartida, se esse aparecimento do indivíduo não destrói o potencial de metaestabilidade do sistema, então o indivíduo está vivo [...] Um cristal é como a estrutura fixa deixada por um indivíduo que teria vivido um só instante, o de sua formação (ILFI, p. 352).

A individuação física apressa uma corrida do tempo ao espaço, mas não sem que o espaço deixe, do tempo, uma inscrição lapidar; a imagem visível é tumular, monumento de um infinitivo impessoal composto: informação que *teria passado*, composição que *teria vivido*. O indivíduo físico vive apenas no limite de si, enquanto o organismo prolonga a individuação em *meios* de interioridade e de exterioridade, para uma seleção de materiais convenientes, a evitação de encontros danosos, a instauração de territórios como horizontes de percepção-ação.

Por força mesmo dos problemas a que precisa responder, a individuação psíquica requer o nascimento de uma paciência, vez que permanece, esta sim, "suspensa em sua origem", informe, metaestabilidade não desdobrada em ação, tempo puro: "um estado pré-revolucionário, um estado de supersaturação, é aquele no qual um acontecimento está totalmente pronto para se produzir, no qual uma estrutura está totalmente pronta para surgir" (FIP, p. 604).

Em vez de circunscrever um domínio humano, a individuação psíquica libera a afetividade da sua vinculação habitual a códigos intraespecíficos. Aparece ali onde a solução orgânica se vê insuficiente para solucionar problemas de disparidade afetiva. Em vez de fundar e assegurar as aventuras da representação, da comparabilidade e da constatação de semelhanças, a individuação psíquica supõe uma crise do assemelhado e a irrupção de diferenças singulares. As suas solidariedades são de agenciamento, e as suas simpatias são maquínicas.

John Cage dizia amar os sons exatamente como eram; subordinada a uma lógica representativa, a composição musical será antes psicológica do que sonora, se ela obriga um som a representar uma coisa, uma posição subjetiva, uma lembrança de infância, o apaixonamento de um som por outro som. Ora, onde a representação e a ideia geral se acham em pleno funcionamento é no domínio da forma orgânica; a percepção e a ação do herbívoro são mediadas pela ideia geral de capim, para recuperarmos um exemplo de Bergson. O automatismo sensório-motor supõe a ideia geral, a representação, a lembrança em situação de molde.[37] Em tradução simondoniana, John Cage se veria ultrapassando uma psicologia pessoalista em proveito de uma individuação psíquica, aí onde se suspendem os clichês emotivo-afetivos: "a individualidade psicológica existe na medida em que esse equilíbrio biológico, essa satisfação são julgados insuficientes. A inquietude na segurança vital marca o advento da individualidade psicológica ou, ao menos, sua possibilidade de existência" (ILFI, p. 422). A individuação psíquica convida a uma intimidade não do homem, mas da natureza, enquanto realidade do metaestável: "vai-se ao encontro de uma selvageria anterior à vida" (Duras, 1993, p. 22). A esse nível, a comunicação estará longe da pretensão de representar *estados* do mundo ou do sujeito:

---

[37] "A idéia geral é o que põe a lembrança na ação, o que organiza as lembranças com os atos, o que transforma a lembrança em percepção; mais exatamente, ela é o que torna as imagens oriundas do próprio passado cada vez mais 'capazes de se inserir no esquema motor' [...]. A novidade, o algo de novo, é justamente que o particular esteja no universal" (Deleuze, 1999, p. 120).

> [...] o tempo assim concebido é movimento do ser, modifi-
> cação real, realidade que se modifica e é modificada, sendo
> ao mesmo tempo o que ela deixa e o que ela toma, real
> enquanto relacional no meio de dois estados; ser da pas-
> sagem, realidade passante, realidade enquanto passa, tal
> é a realidade transdutiva (ILFI, p. 431).

Já podemos sentir que o presente não é da ordem do que *está*; a atividade do presente é *passar entre*. Simondon experimenta o presente como
um intervalo operatório: "a alma está no corpo como o presente está entre
o porvir e o passado que irradiam a partir dele. O corpo é passado e porvir,
mas não a alma; nesse sentido, ela é intemporal como alma pura; contudo,
esse intemporal está alocado entre duas realidades temporais" (ILFI, p.
430). A alma não tem a presença de uma coisa; ela é atividade limítrofe,
pela qual se comunicam o passado e o porvir, a memória e a imaginação.
É apenas na condição de operação passante que a alma simondoniana
eventualmente reivindica "um poder de propagação indefinido que lhe
confere uma imortalidade virtual" (ILFI, p. 420).

*

Em sua ética, Simondon recusa a alternativa entre as obrigações da
vida orgânica em comunidade (que submete os indivíduos a um código)
e a liberdade da invenção técnica (entendida como um pensamento do
fora, germe da ação individual). Uma cultura "reflexiva", instalada na zona
obscura entre a integração comunitária e o isolamento individual, não
admitiria o dilema e buscaria uma compatibilização. Se é "no encontro do
obstáculo que a necessidade da cultura se manifesta" (NC, p. 510), a noção
de cultura implica uma atividade resolutiva, irredutível tanto à circulari-
dade mitológica quanto à superestrutura: "Um puro organicismo ou um
puro tecnicismo eludem o problema da eficácia da cultura. O marxismo
e o freudismo reduzem a cultura ao papel de meio [*moyen*] de expressão"
(NC, p. 509).

A invenção técnica toca-lhe como aquilo que faz uma comunidade
mudar, exigência de transvaloração, subsistência de um impensado que
a comunidade não para de pensar; ao mesmo tempo, um pensamento
rigorosamente maquínico, ao contrário de substituir o gregarismo comunitário pela consciência pessoal, formula-se como um pensamento do
fora: "Entre a comunidade e o indivíduo isolado sobre si mesmo, existe a

máquina, e essa máquina está aberta sobre o mundo. Ela vai além da realidade comunitária para instituir a relação com a Natureza" (NC, p. 545).

As redes de objetos técnicos viabilizadas e instituídas ao longo do século XIX terão falseado a centralidade do homem como sujeito da *práxis*. A máquina aparece, então, como uma ameaça, e os tipos sacerdotais acham ocasião propícia para alastrar a ansiedade e o medo, ressuscitando a denúncia tecnofóbica de que os fármacos e as próteses tendem a corromper e a escravizar a vida.[38] Mas essa denúncia do suplemento técnico pretende encobrir aquilo mesmo que a servidão maquínica vem explicitar irreversivelmente, isto é, a captura das forças produtivas por um regramento comunitário, por uma máquina social que idealiza, para si, um motor sem revolta: "o homem só está submetido à máquina quando a própria máquina já está submetida pela comunidade" (NC, p. 544). Uma reversão de perspectiva leva a considerar um maquinismo que, a tal ponto *resistente* às palavras de ordem, chega mesmo a inaugurar a filosofia, como entrada em comunicação com as forças do fora: "a primeira aparição de um pensamento individual e de uma reflexão desinteressada é, de fato, a dos técnicos, isto é, de homens que souberam se desprender da comunidade por um diálogo direto com o mundo" (NC, p. 519). É da invenção técnica desdobrar, a cada tempo, afinidades operacionais inesperadas, e o pensamento maquínico terá trilhado, desde cedo, uma rota arriscada: quando Tales se atenta aos movimentos celestes e prediz um eclipse solar, ritmos astrais passam a compor uma circunvizinhança que desequilibra as mitologias comunitárias. Bem antes que uma função alienante, o maquinismo reivindica os direitos de uma comunicação direta com o mundo, reivindicação inseparável de um movimento de ruptura criadora; um novo mundo precisa, a cada vez, arrancar-se extemporaneamente a uma ritualização da vida aos níveis correlatos do utilizável, entre as coisas, e do enunciável, entre as ideias; não é por acaso que esses atos de ruptura criadora se encontram examinados com rara sobriedade nos filmes tardios de Rossellini (1963), que chegara a desistir da tarefa artística, tendo constatado o triunfo de uma alternativa sufocante entre o infantilismo e a crueldade gratuita, entre uma arte de gemido e uma arte autoritária. A rigor, a máquina não é um indivíduo, se a individualidade supõe a capacidade de revoltar-se contra os seus próprios termos, de se desautomatizar, de se implicar entre os termos de um problema por resolver; mas é instituindo uma comunicação maquínica com o mundo que um indivíduo começa a caminhar no sentido inverso ao da conduta adaptativa:

---

[38] Para os fundamentos platônicos da rejeição ao fármaco, consulte-se Derrida (2005).

> A noção de adaptação permanece insuficiente para dar conta da realidade do indivíduo; trata-se, de fato, de uma autocriação por saltos bruscos que reformam a estrutura do indivíduo. O indivíduo não encontra em seu meio apenas elementos de exterioridade aos quais deve adaptar-se como uma máquina automática; ele encontra também uma informação valorizada que questiona a orientação de seus próprios mecanismos teleológicos; ele a integra por transmutação de si mesmo, o que o define como ser dinamicamente ilimitado. [...] A problemática individual só pode se resolver por construções, aumento de informação segundo um determinismo divergente, e não por um cálculo (NC, p. 530).

Não é a máquina que escraviza o homem; é a sociedade que faz da máquina uma ferramenta, que lhe confere um valor tão somente de uso. Considerada em si mesma, destacada de sua função, a máquina se vê análoga ao objeto surrealista, "absurdo por não ser submetido à obrigação de significar numa outra realidade que não a sua" (NC, p. 525). Em sua crítica às civilizações "de rendimento", Simondon deixa pistas para uma desmontagem interna da sua objeção ao esteticismo, baseada em uma ética da integração ou da irradiação eficaz dos atos.[39]

Estaremos em tempo de recuperar o problema de Artaud: relativamente às necessidades do corpo orgânico e aos imperativos da comunicação social, não parecem disfuncionais as exigências de uma escrita do fora? A obra é da ordem do inutilizável ou, se quisermos, é ela que se serve do corpo orgânico, preenchendo-o de indeterminação e de um sentido maquínico (opera, elaboração, trabalho). Uma máquina de escrever se põe em vias de criar um corpo sem órgãos enquanto precisa dar consistência ao indeterminado, a um colapso das coordenadas linguísticas, a uma linguagem em vias de desagregação. O que a zona intervalar da comunicação tem de terrível é o que a faz repelente aos sistemas de troca equivalente: a obra futura decerto não sairá das correspondências entre autor e editor, nem, de resto, de qualquer comunicação intersubjetiva; experimentada ao nível da individuação psíquica, a comunicação devém despossuída – não

---

[39] Simondon desconfia da obra artística "fechada": sua crítica à autossuficiência esteticista sugere que a arte de vanguarda se impõe sobre o outro, imperativa, avessa ao diálogo. Mas essa sugestão não previne contra palavras de ordem sem fixar as condições do comunicável, sem circunscrever a comunicação a uma dada ordem formal. Em falta da minuciosa exposição que Simondon costuma dedicar ao experimento científico, pode-se cogitar que, ao contrário de dar sintomas de complacência, alguma diferença artística tenha resistido a integrar-se ao enciclopedismo.

pertence a ninguém, não se dirige a ninguém. Já não será sequer monólogo interior, reflexão, comunicação emanada de uma primeira pessoa; o seu meio será aquele de uma inconsciência primitiva, e o seu germe será um duplo inatual "que se constitui fora do campo do eu, como uma imagem virtual se constitui para além de um espelho" (ILFI, p. 428).

Com efeito, a obra jamais reservaria espaço para a leitura, para uma vidência do invisível, não implicasse uma potencialidade perfeitamente inatual, "a profundidade vazia e indecisa da origem, [que] comunica-se através dela para formar a decisão plena, a firmeza do começo" (Blanchot, 2011, p. 221-222). Essa é a tarefa intervalar de uma contraefetuação do acontecimento – exprimir um mundo anterior às formas, arrastar desequilíbrios locais a um devir-cósmico[40], dar ao desequilíbrio a chance de repetir,

> [...] ou bem de existir uma segunda vez, renascendo em um universo significativo em que cada realidade local comunica com o universal e em que cada instante, em lugar de ser sepultado no passado, é origem de um eco que se multiplica e se matiza diversificando-se (IMIN, p. 205).

Nada disso se conseguiria por imitação, associação, assimilação, correspondência. Terá sido preciso mergulhar em catástrofe, lá onde mais nada se distinguia, onde as formas perdiam os seus limites e a sua individualidade, para que algo de novo pudesse sair, para uma comunicação que experimentasse "os objetos saírem da noite confusa, como a aurora que os distingue por sua cor" (FIP, p. 607).

---

[40] "[O] criador é sensível ao virtual, a aquilo que exige, desde o fundo dos tempos e na humildade estreitamente situada de um lugar, a rédea do porvir e a amplitude do mundo como lugar de manifestação; o criador salva os fenômenos porque é sensível àquilo que, em cada fenômeno, é uma exigência de manifestação amplificante (IMIN, p. 204).

4

A COMUNICAÇÃO NA OBRA DE SIMONDON

A comunicação não figura entre os 50 verbetes que Jean-Hughes Barthélémy (2013) seleciona para um glossário introdutório ao pensamento de Simondon. Não terá sido um lapso: ainda que expressamente provocado pelas teses da cibernética, o texto simondoniano emprega a comunicação de maneira dispersa, e são as noções de individuação, de forma e de informação que chegam ao título de sua tese principal, enquanto a tese complementar sugere uma demodulação da concretude técnica.

Qual é o lugar da comunicação no pensamento de Simondon? Na sua tese principal de doutoramento, datada de 1958, a individuação não passa sem solicitar comunicação entre ordens de realidade disparatadas – o pensamento e o corpo, a lembrança e a percepção, a forma e a matéria. Anos mais tarde, entre 1970 e 1971, Simondon ministra um curso sobre a comunicação, no qual classifica a comunicação segundo três níveis de complexidade – a ecologia, a etologia e a psicologia.

4.1 Individuações física, vital e transindividual

Percorrer a tese principal de Simondon filtrando a sequência "communi" levou-nos a computar quase 100 ocorrências que abarcam desde o infinitivo *communiquer* até formas compostas, como *intercommunication*, as acepções abrangendo desde a sinonímia usual com "publicização" até o problema da repartição das ondas televisivas na França. Rasante ao coração da tese, no entanto, a comunicação insistia em repontar num sentido peculiar, como deixa entrever a primeira frase da conclusão:

> Conceber a individuação como *operação*, e como operação de comunicação, portanto como operação primeira, é aceitar um certo número de postulados ontológicos; é também descobrir o fundamento de uma normatividade, pois o indivíduo não é a única realidade, o único modelo do ser, mas somente uma fase (ILFI, p. 471).

Se é que não naufragava de todo a ontologia, a comunicação preenchia o ser de um sentido *operacional*, e o indivíduo virava o resultado e o meio de uma atividade, rastro resolutivo de um inobservável teatro de tensões pré-individuais. Essa zona problemática é que pedia descrição comunicacional, já que as suas tensões se diziam da copresença de extremidades heterogêneas *ainda não comunicantes* – sensação e memória, corpo e mente, caos e sentido, acaso e necessidade. Precisassem dar fundamento estável aos começos e aos fins, a serviço seja de uma individualidade substancial, seja de uma generalidade arquetípica, os dualismos e as oposições encobriam o trabalho invisível da comunicação. Com que proveito?

Uma ontogênese comunicativa teria retratado um ser fissurado, rachado no seu próprio centro, sem garantias prévias ou futuras, e teria sido preciso evitar que os centros de dominância se marginalizassem, que as formas escapassem à sua identidade, que os indivíduos estranhassem os seus princípios e as suas finalidades, o seu chão e a sua função. Quando o centro deixa de fornecer um ponto de referência, o referente mesmo se descentra, e a comunicação distende uma membrana instantânea, limite ativo em que o dentro e o fora se revolvem e se revezam, indiscerníveis. Será hora de desenredarmos os problemas que a individuação põe em jogo.

*

Simondon surpreende implícito, em teoria da informação, um predomínio da forma sobre a matéria que remonta ao hilemorfismo aristotélico. Não bastaria, tão cedo e tão simplesmente, inverter a fórmula. O problema era que, descrevendo o indivíduo como composto de forma e matéria, Aristóteles ainda não explicava como, com que direito, em que plano de copresenças podiam esses atributos ter se encontrado, em primeiro lugar.[41] Quando passa a reportar o indivíduo a um trabalho invisível de individuação, numa inversão do hábito de conhecer a individuação a partir de indivíduos prontos, Simondon está, com efeito, apresentando a comunicação a Aristóteles: "Uma situação hilemórfica é uma situação na qual só há forma e matéria, logo, dois níveis de realidade sem comunicação. A instituição dessa comunicação entre níveis – com transformações energéticas – é o encetante da individuação" (ILFI, p. 110). Pouco diria

---

[41] Já o bergsonismo mostrava que as relações duais supunham um plano de copresença: "Por que não contentar-se com dois fluxos, minha duração e o voo do pássaro, por exemplo? É que dois fluxos jamais poderiam ser ditos coexistentes ou simultâneos se não estivessem contidos em um mesmo e terceiro fluxo" (Deleuze, 1999, p. 70).

quem classificasse os compostos como mistos, híbridos, internamente diversos, enquanto deixasse impensada a *condição de comunicação* daquelas diferenças: "Aquilo que falta ao esquema hilemórfico é a indicação da condição de comunicação e de equilíbrio metaestável, isto é, da condição de ressonância interna num meio determinado, que pode ser designada pelo termo físico sistema" (ILFI, p. 78).

Será preciso marcar as diferenças entre uma comunicação por ressonância e uma comunicação transmissiva, tanto mais porque, no seu esquema clássico, a comunicação prolonga aquele dualismo aristotélico, oriundo de uma representação abstrata do trabalho técnico: para a decodificação correta do sinal recebido, emissor e receptor devem comungar de um mesmo código, como a matéria deve se amoldar a uma ordem de fabricação, isto é, deve concorrer para a fabricação de objetos idênticos. Mais que uma representação insuficiente da tecnicidade, o ataque de Simondon ao hilemorfismo acusa *a insuficiência da técnica como paradigma* para pensar a individuação.[42] Em vez de cultivar uma educação maquínica, o discurso tecnocrático reflete um modelo social baseado em relações do tipo mestre-escravo, aí onde os corpos, devendo obediência a finalidades extrínsecas, sofrem a domesticação de suas forças e a uniformização de suas tendências.

Se um primeiro passo da crítica ao hilemorfismo exige entrar na fábrica e ver que a forma jamais modela a terra sem o esforço do trabalhador, um segundo passo leva a um entranhamento na terra, e eis que um tijolo jamais se individuaria sem que uma população molecular agisse, em cada um de seus pontos, como um centro reverberante de forças. Argila, mel, sangue, nuvem – fluxos ativos, dispersões coloidais comportando germes de forma: "a matéria é matéria porque abriga uma propriedade positiva que lhe permite ser modelada" (ILFI, p. 44).

Simondon concebe a matéria pela aptidão de amplificar potenciais em todas as direções, como uma dispersão sem orientação privilegiada. Para individuar-se em tijolo, uma dispersão de argila esbarra nas paredes de um molde como em condições topológicas de atualização. O que Simondon chama de *forma* é esse condicionamento estrutural do alastramento molecular, essa função seletiva que, em vez de transcendente, vai inscrita

---

[42] A tese complementar de Simondon responde, com efeito, à superstição – o fetiche, o medo – suscitada pela idolatria tecnocrática, que esquece, ou finge esquecer, que a tecnicidade é uma das fases de desdobramento da cultura, e não o seu a priori.

no seio mesmo das forças materiais: "há operação comum e num mesmo nível de existência entre matéria e forma; esse nível comum de existência é o da *força*" (ILFI, p. 45). É dizer que as formas não se encontram jamais prontas. Não menos do que a matéria, a forma será força entre forças; não menos do que os corpos, as formas estarão suscetíveis de deformação.

Podemos antecipar um conjunto de consequências: uma tábua que classificasse os indivíduos segundo critérios estáticos encaminharia um conhecimento asséptico, tão somente retroativo, concernente aos efeitos visíveis, jamais às causas invisíveis da comunicação. Uma ciência das causas não representa formas, quadros, estados de coisas – será inseparável da descrição de uma deformação, da ação de forças sobre uma forma. Os indivíduos não mais se distinguirão por seus contornos aparentes, nem se deixarão agrupar por semelhanças estruturais. Prepara-se uma estranha ciência, em que nenhuma categoria classificatória pareceria sobreviver.

Mas a tese simondoniana se abre em uma classificação trifásica, e a individuação se reparte nas modalidades física, vital e transindividual. As diferentes fases não se distinguem, porém, por suas formas, e mesmo as formas só diferem por "pregnância", por graus de tensão e ressonância internas. A classificação adequada de um indivíduo considera não a sua conformação a este ou àquele quadro descritivo prévio, mas os seus graus de tensão e de heterogeneidade interna, as velocidades e lentidões com que ele se comunica. Enquanto se distingue por níveis de tensão e de velocidade resolutiva, a individuação experimenta diferentes modalidades de comunicação:

> Esse centro consistente do ser é o da comunicação entre ordens de grandeza – molar e molecular, interelementar e intraelementar; a partir desse centro, uma individuação rápida e iterativa dá uma realidade física; uma individuação lentificada, progressivamente organizada, dá o vivente (ILFI, p. 482).

Assim pensada, a comunicação não representa nada. Não emana de um estado de espírito, nem relata um estado de coisas. É ato que *constitui* as formas, resultantes, do objeto e do sujeito, do visível e do enunciável.[43]

---

[43] Na década seguinte às defesas de tese de Simondon, Michel Foucault (2000) conceberia a forma como aquilo a que os conceitos precisam se reportar, a cada época, para serem pensáveis: a morte de Deus terá sido a morte da forma que tornava pensáveis os conceitos do pensamento clássico. Mais para lá e mais para cá da descontinuidade como força deformadora, o pensamento foucaultiano se encaminhará a afrontar uma linha do fora: "O descontínuo – o fato de que em alguns anos, por vezes, uma cultura deixa de pensar como fizera até então e se põe a pensar outra coisa e de outro modo – dá acesso, sem dúvida, a uma erosão que vem de fora, a esse espaço que, para o pensamento, está do outro lado, mas onde, contudo, ele não cessou de pensar desde a origem" (Foucault, 2000, p. 63).

A comunicação não representa, mas age – ela procede por tensionamentos e afrouxamentos, contrações e expansões. Quando a comunicação entra a traduzir a atividade mediadora do conceito, o conceito deixa de ser um continente, uma generalidade, um Todo; o conceito então se diz um ato de continuidade intensiva, superfície cromática entre o ínfimo e o infinito, centro de metamorfose entre o passado e o porvir: "Um conceito não é nem *a priori* nem *a posteriori*, mas *a præsenti*, pois é uma comunicação informativa e interativa entre o que é maior e o que é menor que o indivíduo" (ILFI, p. 26).

*

Jamais inspecionada no seu conceito, a comunicação passeia entre os motivos dominantes da tese sobre a individuação. Desponta em nota de rodapé, na introdução, para esclarecer, por sua ausência, a ideia de metaestabilidade: "a metaestabilidade geralmente supõe a presença simultânea de duas ordens de grandeza e a ausência de comunicação interativa entre elas" (ILFI, p. 18). Tivesse um ponto de partida, o pensamento simondoniano partiria não tanto de um ponto quanto, desde já, desse interstício obscuro da ausência de comunicação. Obscuro e problemático, nem por isso o interstício seria desordenado – ali se experimenta um recobrimento movente de ordens, perspectivas, séries assimétricas.

O sábio antigo, sem palavras para pensar por entre os contrários, só podia defender a ordem contra a desordem, o equilíbrio contra o desequilíbrio, a harmonia contra o caos. Simondon aceita a noção de metaestabilidade como um presente da física moderna, que havia enfrentado a necessidade de descrever estados "iniciais" de suspensão, assimetria e desequilíbrio. O que Simondon acrescenta é que a assimetria não carece estar no início nem no fim; não é forçoso que a assimetria se esgote, se totalize ou se harmonize, se ela pode subsistir como uma *condição energética*, espera pura de uma *condição acontecimental* – assim um disparo, um incidente, uma singularidade.

A singularidade será um agente comunicante, possibilidade de um começo de mundo, germe de forma em meio ao caos. Entre o obscuro e o distinto, a singularidade se imiscui como o ser da mediação: "Nem a forma nem a matéria são suficientes. O verdadeiro princípio de individuação é mediação" (ILFI, p. 20). Hífen incluso entre termos díspares, a singularidade não subsome, não reúne, não compreende os termos comunicantes; ela é sem qualidades, sem partes nem posses; comunica uma diferença de natureza: "a mediação não é da mesma natureza que os termos: ela é tensão, potencial" (ILFI, p. 365).

Encontramos a ontogênese simondoniana comportando três momentos: 1) um acavalamento obscuro de perspectivas díspares sem comunicação; 2) uma singularidade acontecimental que viabilizaria uma entrada em comunicação; 3) um indivíduo como resultado e meio de comunicação ressonante. A comunicação chega, assim, em segundo lugar, mas não sem implicar a afasia como o seu grau zero, como a condição material sem a qual a sua necessidade permaneceria inexplicada. E, se o indivíduo, como efeito terminal, jamais se confunde com a substancialidade de uma "coisa" ou de um "eu", é porque ele permanece meio obscuro, meio problemático, para que, nele, o pré-individual se desdobre e se dramatize: "o indivíduo é, ao contrário, teatro e agente de uma relação; só acessoriamente ele pode ser termo, pois é essencialmente teatro ou agente de uma comunicação interativa" (ILFI, p. 78). Mas, se Simondon concebe as imagens como forças pré-individuais dotadas de automovimento, o indivíduo simondoniano já aparece como um acontecimento não mais teatral do que cinematográfico ou televisual, acoplamento entre uma superfície de atualização e um volume indeterminado de imagens virtuais:

> [...] o sistema energético no qual se constitui um indivíduo não é mais intrínseco, relativamente a esse indivíduo, do que extrínseco: ele se lhe associa, é seu meio associado. O indivíduo, por suas condições energéticas de existência, não está somente no interior de seus próprios limites; ele se constitui no limite de si mesmo e existe no limite de si mesmo; ele sai de uma singularidade. A relação, para o indivíduo, tem valor de ser (ILFI, p. 77).

O fruto vivo da individuação, a rigor, se diz *indivíduo-meio*, ou hecceidade, o que já implica recusar toda suposição de um nexo meramente *adaptativo* entre indivíduo e meio. Não apenas a comunicação permanece impensada nas relações de adaptação – a comunicação nasce e cresce por desadaptação. Enquanto comunicantes, indivíduo e meio serão extremidades contemporâneas, faces díspares de um acoplamento. É enquanto *relativo* que um meio se dirá contexto externo ou órgão interno; relativamente ao organismo, o intestino é tanto um meio interior quanto um meio exterior anexado; agora, ao nível da mais rudimentar membrana viva, na sua operação mais superficial, a comunicação acopla um dentro e um fora absolutos. O pré-individual é o avesso da comunicação, mas um avesso que revira, meio incluso.

*

Condição do acoplamento entre formas heterogêneas, o pré-individual não se explica pela negatividade; vai informe, mas repleto de limiares acontecimentais, que são as singularidades pelas quais diferentes perspectivas se encontrarão e ressoarão entre si. O grau zero da comunicação subsiste como uma arena de indeterminação que racha o indivíduo ao meio, feito um terceiro incluído:

> O que é primeiro é esse sistema de ressonância interna, singular, da relação alagmática entre duas ordens de grandeza. [...] O indivíduo é realidade de uma relação constituinte, e não interioridade de um termo constituído. [...] O indivíduo se individua e é individuado antes de qualquer distinção possível do extrínseco e do intrínseco. A terceira realidade, que nomeamos meio, ou sistema energético constituinte, não deve ser concebida como um novo termo que se adicionaria à forma e à matéria: é a atividade mesma da relação, a realidade da relação entre duas ordens que se comunicam através de uma singularidade (ILFI, p. 77).

A mediação individuante se constitui, portanto, em uma zona intervalar anterior a toda discernibilidade entre o dentro e o fora. O indivíduo não é síntese de contrários, nem um agrupamento arbitrário, imposto pelo espírito: "Os limites desse sistema não são arbitrariamente recortados pelo conhecimento que o sujeito toma deles; eles existem relativamente ao próprio sistema" (ILFI, p. 79). Simondon chega a caracterizar como *simbólica* a relação entre as faces díspares da relação individuante: "Ele [o indivíduo] é somente o símbolo complementar de um outro real, o meio associado" (ILFI, p. 79). O símbolo deixa, então, de se identificar a uma lei geral ou a uma estrutura arquetípica; ele exprime um jogo de forças, oferecendo uma dimensão resolutiva para um composto intensivo durável. Uma pesquisa puramente indutiva, esquecida de sua condição simbólica, desconsideraria a sua implicação não tanto subjetiva quanto intensiva:

> [...] qualquer andamento regressivo que vise remontar, a partir das realidades individuadas, à individuação, des-

cobrirá num certo ponto uma realidade outra, uma realidade suplementar, que pode ser diversamente interpretada segundo as pressuposições do sistema de pensamento no qual se efetua a busca (ILFI, p. 80).

Para uma definição de "estrutura", Simondon diz "dinamismo finalizado". É somente ao nível dos efeitos, quando um afrontamento cego de forças devém signo, que intervém a ideia de finalidade, de funcionamento orientado: "A verdadeira ecceidade é uma ecceidade funcional, e a finalidade acha sua origem nesse embasamento de ecceidade que ela traduz em funcionamento orientado, em mediação amplificante entre ordens de grandeza primitivamente sem comunicação" (ILFI, p. 83). A comunicação se embrenha na matéria, e Simondon festeja sensações de argila, forças de madeira, devires de válvula; descreve minúsculas populações arranjando ressonâncias primitivas, para a diferença condensar-se adentro e amplificar-se afora. Nessa sua noite ilimitada de afasia e inconsciência, a comunicação irrompe como uma operação psicossomática, corporal--mental, chamada *transdução*.

O sentido operacional da comunicação culmina, na tese de 1958, na definição do indivíduo como unidade transdutiva. Em trabalhos futuros, a transdução se nuança como fase primeira da comunicação, complementada pela modulação e a invenção; por enquanto, porém, é sempre o pensamento transdutivo que afirma a copresença tensiva de séries disjuntas: "A individuação torna as tensões compatíveis, mas não as relaxa" (ILFI, p. 305). A transdução vem viabilizar uma comunicação que, em vez de anular a diferença entre as séries comunicantes, prolonga a diferença enquanto tal, sem perda ou degradação. Anunciando uma "pré-lógica", a transdução desobedece aos princípios da identidade e do terceiro excluído, avizinhando meio estruturante e meio estruturado por nexos de acrescimento analógico, repetição periódica, alastramento de um motivo musical.

A transdução não conhece semelhanças prévias nem resguarda a classificação dos seres entre gêneros e espécies; ela experimenta velocidades e lentidões, contrações e expansões. É apenas por topologia e por níveis de ressonância interna que a transdução admite, ainda, uma classificação dos indivíduos: enquanto um cristal cresce em iteração rítmica estritamente superficial, sem ainda perceber, sem ainda constituir um mundo, uma planta já incorpora e prolonga singularidades, exprimindo um acoplamento entre meio exterior e subsolo molecular. O indivíduo orgânico é já um mediador, "núcleo de comunicação interativa entre uma ordem de realidade superior à sua dimensão e uma ordem inferior a esta, que ele organiza" (ILFI, p. 21).

O estudo simondoniano da individuação vital descreve uma estratificação progressiva de membranas seletivas capazes de conduzir as forças materiais até o equilíbrio homeostático. Enquanto cresce em complexidade, a individuação vital já começa a implicar memória e antecipação. É também dizer que a comunicação interior-exterior deixa de ser *instantânea* ou *direta*: entre a instantaneidade da individuação inorgânica e o regime orgânico, a transdução passa a relacionar meios interiores (células, órgãos) e meios exteriores (casa, território, área de caça), e o seu zigue-zague devém *indireto*, concomitância de uma diferenciação extrovertida e uma integração introvertida, incorporadora, assimiladora.

Não que esse duplo movimento, doravante desdobrável na distinção entre o subjetivo e o objetivo, prescinda de andamento criativo; enquanto ainda portar consigo uma carga de potenciais, o indivíduo poderá romper com a sua organização e saltar para um outro nível de individuação. Ao nível do potencial, séries incompatíveis se recobrem sem jamais predizer a solução da sua eventual entrada em comunicação: "um ser sistematizado, tendo uma essência como uma série tem sua razão, não poderia se desenvolver. O ser não está inteiramente contido em seu princípio, ou melhor, em seus princípios" (ILFI, p. 308). Mais ainda, a ideia de princípio não admite começo absoluto, e talvez a única previsão segura, com Simondon, seja de que um mundo não começa sem, desde já, recomeçar; o pré-individual sugere um retorno da assimetria, uma conservação da capacidade de mudança, donde suas singularidades permaneçam embrionárias, ou *neotênicas*.

A neotenia diagnostica, em biologia, o organismo atrasado em seu desenvolvimento, com sinais de uma juventude prolongada. Simondon generaliza essa ideia teratológica para entrever um devir involutivo, uma margem desindividuante em cada individuação. A sua tese principal não descreve uma sucessão causal da formação mineral à formação orgânica e desta até o pensamento. A individuação física é potência de repetição em estado puro. Uma vida jamais se constituiria por reunião de indivíduos físicos, reunião que, de resto, restaria por explicar. As passagens entre níveis ocorrem não *após* ou *sobre* um ser individuado, mas *enquanto um ser se individua*. O organismo decorre de uma lentificação, de uma dilatação da individuação física; o indivíduo vivo é cristal que não parou de nascer.

*

Jamais uma percepção se estabilizaria, sem antes resolver um recobrimento de percepções incoerentes entre si – um objeto será realidade excepcional, resolução de uma pluralidade de pontos de vista incompossíveis. O que primeiro percebo não são objetos, mas uma certa repartição movente de luzes, sombras, temperaturas, timbres, tonalidades. Mesmo esse mundo de puras qualidades, enquanto repartição de efeitos referida a um indivíduo (centramento perceptivo), já supõe aquilo que Simondon entende por signo: "há indivíduo quando houver processo de individuação real, ou seja, quando significações aparecem; *o indivíduo é aquilo pelo qual e no qual significações aparecem*" (ILFI, p. 391).

O signo não depende de qualquer operação consciente; ele é síntese involuntária no seio de uma materialidade pré-sígnica: "a realidade que se nomeia comunicação das consciências poderia, com maior justeza, ser nomeada comunicação das subconsciências" (ILFI, p. 369). E, mais adiante: "As consciências não bastariam para assegurar uma comunicação; é preciso uma comunicação das condições das consciências para que a comunicação das consciências exista" (ILFI, p. 395). O fenômeno consciente remete ao pré-individual como à sua condição:

> Se o conhecimento reencontra as linhas que permitem interpretar o mundo segundo as leis estáveis, não é porque existe[m] no sujeito formas *a priori* da sensibilidade, cuja coerência com os dados brutos, vindos do mundo pela sensação, seria inexplicável; é porque o ser como sujeito e o ser como objeto provêm da mesma realidade primitiva (ILFI, p. 392).

Como um signo se extrairia de um emaranhado de forças invisíveis? O pensamento transdutivo volta a reivindicar uma diferença de natureza, para uma operação que, estranha às associações por contiguidade e por semelhança, faria intervir certos limiares críticos, "condição quântica de produção de um efeito" (ILFI, p. 156). Simondon pensa o signo como uma ultrapassagem de limiares intensivos, a descoberta de um horizonte suplementar, capaz de resolver problemas de disparidade sinalética – na visão binocular, a profundidade se dirá a significação da disparidade entre dois pontos de vista, ou entre duas séries de imagens. O importante, nesse caso, é ver que a diferença entre as séries reivindica o signo como um suplemento resolutivo não antecipável por nenhuma das séries antes do seu encontro comunicante. Mais ainda, a diferença não se anula no signo; as séries não se assemelham à profundidade, tampouco lhe pertencem, como partes de um todo, ou como itens subsumidos por uma categoria – a significação faz da diferença uma tendência, um horizonte.

Com que necessidade se destacaria uma individuação psíquica, se a vida orgânica já supõe memória e antecipação, se o signo não precisa do sujeito para aparecer como uma síntese involuntária? Em que sentido a capacidade de pensar se submete à contingência dos encontros, em vez de se dar como uma função natural e inevitável do organismo? Como uma problemática psíquica se distingue de problemas perfeitamente resolvíveis pela solução orgânica?

O pensamento jamais despertaria do seu torpor, fosse apenas para coordenar percepção e ação, movimento recebido e movimento devolvido. Mas não é como se o pensamento fosse inteiramente estranho ao corpo orgânico; o regime orgânico supõe, pelo contrário, uma domesticação do pensamento: adormecidas as potências da individuação psíquica, um corpo se acha em situação de *homogeneidade psicossomática*. Não se trata, bem entendido, de uma definição da existência animal; a oposição do humano ao animal pretenderia projetar, sobre o animal, a imagem de "um ser que tem com a Natureza relações regidas pelos caráteres da espécie" (ILFI, p. 449), imagem essa de um corpo obediente a códigos, limitado à conservação de suas funções e do seu equilíbrio interno – assim, um sujeito identificado a si mesmo, um Eu autossemelhante, coincidente com a sua forma. A rigor, a homogeneidade psicossomática do composto orgânico define uma existência não tanto animal quanto, desde já, social. Não é por metáfora que a forma da empresa reclama uma comunicação dita organizacional, e não será custoso verificar o predomínio de um regime orgânico da comunicação nos produtos e franquias da indústria cultural, para um breve aceno à crítica frankfurtiana.

O pensamento simondoniano não será redutível ao monólogo interior, à associação de ideias, ao intercâmbio de consciências ou ao código cultural; enquanto se constitui, a "realidade psíquica não está fechada em si mesma. A problemática psíquica não pode se resolver de maneira intraindividual" (ILFI, p. 242). Os germes de pensamento se acharão fora do indivíduo, e a realidade psíquica será a realidade de um *desencadeamento*. A individuação psíquica surge por transposição de limiares, por saturação de vida. Para que a identidade estrutural entre o somático e o psíquico algum dia se surpreendesse rachada, internamente heterogênea, terá sido preciso que a vida rompesse consigo mesma. Desse desvio de si, o que resulta é o aparecimento marginal de um duplo, de um outro sem semelhança comigo: "pensamento e funções orgânicas são o vital desdobrado segundo uma clivagem assimétrica, comparável à primeira individuação de um sistema; o pensamento é como o indivíduo do indivíduo" (ILFI, p. 398).

O meio interior relativo é do corpo orgânico, o meio exterior relativo é do corpo físico; resta ao pensamento o *limite*, a zona mesma do corte, do intervalo. O duplo espiritual aparece e se desdobra em um espaço inatual, espaço tão impróprio – "o domínio da individualidade psicológica não tem espaço próprio" (ILFI, p. 415) – quanto despossuído: "seu domínio é de relação, e não de possessão" (ILFI, p. 415). Os construtos do pensamento não se bastam a si mesmos; submetida à contingência e à surpresa, a ativação do pensamento supõe um encontro e um processo de supersaturação, um transbordamento de vida. Se o pensamento só se afirma a pleno na impropriedade e na despossessão, é que ele vem responder a um novo problema – a necessidade de que a vida formule um questionamento de si: "a verdadeira relação transindividual só começa para além da solidão" (ILFI, p. 417). Impropriedade de um ferimento e experiência da solidão serão as condições de emergência de uma comunicação transindividual.

*

Quando, onde, em quais casos a comunicação se surpreende respondendo a problemas de pensamento?

Assim como a ação orientada depende de um conjunto de soluções perceptivas, a solução perceptiva implica uma regulação afetiva mais profunda. Não é como impureza que a emoção adere ao percebido, mas como um fator estruturante:

> A afetividade realiza um tipo de relação que, em termos de ação, seria conflito e, em termos de conhecimento, seria incompatibilidade; essa relação só pode existir no nível da afetividade, porque sua bipolaridade lhe permite fazer a unidade do heterogêneo; a qualidade é transdutiva por natureza, pois todo espectro qualitativo liga e distingue

termos que não são nem idênticos nem estranhos uns aos outros; a identidade do sujeito é precisamente de tipo transdutivo, em particular através da primeira de todas as transdutividades, a do tempo, que pode, tanto quanto se queira, ser fragmentada em instantes ou apreendida como uma continuidade (ILFI, p. 237).

A emoção é o que dá sentido à ação, e Simondon chega a alertar contra o isolamento recíproco entre agir e sentir, que malogra na alternativa entre uma ciência indiferente e uma fé complacente consigo mesma, "destroços de uma espiritualidade que fracassou" (ILFI, p. 379):

> A emoção não é apenas mudança interna, amálgama do ser individuado e modificação de estruturas; ela é também um certo elã através de um universo que tem um sentido; ela é o sentido da ação. Inversamente, na emoção, mesmo interior ao sujeito, há uma ação implícita; a emoção estrutura topologicamente o ser; a emoção se prolonga no mundo sob forma de ação, assim como a ação se prolonga no sujeito sob forma de emoção [...]; é a mesma realidade que apreendemos abstratamente em seus dois termos extremos, acreditando que eles bastam a si mesmos (ILFI, p. 378).

Se a regulação afetiva fornece as leis que estabilizam o esquema sensório-motor, as regras implícitas com as quais um corpo vem a perceber e agir, o que poderia compelir esse corpo a pensar, senão um encontro capaz de rebentar a sua organização afetiva?

A individuação psíquica só é solicitada "quando a afetividade já não pode intervir como poder de resolução" (ILFI, p. 240). Em vez de resolver problemas, a afetividade agora *coloca* problemas, sem resolvê-los. É dizer que a individuação psíquica implica uma resistência aos clichês, à opinião, à distribuição habitual de gostos e desgostos. O intervalo da comunicação se abre a uma operacionalidade sem começo nem fim, autonomizando-se aquela metaestabilidade "comparável a um estado de conflito no qual o instante de maior incerteza é precisamente o instante mais decisivo" (ILFI, p. 347). Apenas enquanto referida a um centro é que essa autonomização das forças dará ensejo à angústia. Por si mesmo, o desregramento convida a uma exposição das relações de força – a percepção se volta para o imperceptível, como rente a uma agitação de forças anônimas; e a sensação se volta para o insensível, como em pressentimento do porvir.

Como construto de pensamento, a solução transindividual implica maneiras singulares de sentir e de perceber. Não estaremos mais mergulhados em uma profundidade afásica, nem condenados a um deslembramento instantâneo, nem assimilados às misturas corporais; adivinhou-se um plano de forças capazes de perpetuar uma zona de resistência. O sujeito do transindividual será sujeito à margem, sujeito de um transbordamento, e aqui Simondon rende homenagem às personagens do profeta, do santo, do herói e do mártir. Interessaria encontrar ecos entre essas diversas máscaras do transindividual e aquelas personagens "interpretantes" que, representantes de uma natureza *segunda* (uma natureza das leis humanas, das convenções sociais etc.), estariam aptas a captar e dar voz à natureza *original* de figuras solitárias como Bartleby, na leitura que Deleuze (2011) faz do pragmatismo norte-americano; testemunhas de uma pura potência de repetição, as personagens do transindividual talvez se abram a um devir, uma comoção, uma ternura ante à inocência do indivíduo inorgânico, petrificado, instantâneo, despossuído, sem qualidades ou partes, socialmente inutilizável.

Do mesmo modo, e embora não figure na tese sobre a individuação, a noção de tecnoestética parece captar toda uma originalidade no nível da sensação. A amizade simondoniana aos esquemas técnicos aí se surpreende como o testemunho não de uma inteligência abstrata, mas de uma atenção às hecceidades de uma cor, de um som, de um intervalo de tempo, cada *um* traçando-se por efeito de maquinação transindividual: "Não há diferença entre descobrir uma significação e existir coletivamente com o ser relativamente ao qual a significação é descoberta, pois a significação não é do ser, mas está entre os seres, ou melhor, através dos seres: ela é transindividual" (ILFI, p. 456).

Disparada por um encontro desadaptativo, pela abertura de uma fissura estranha às regras homeostáticas do organismo sensório-motor, isto é, de um mundo uno consigo mesmo, a descoberta do transindividual não passa sem um enfrentamento da solidão. Não por isso será forçoso traduzir o pensamento como o pensamento de uma falta. A comunicação transindividual se explica não pela falta do objeto, mas por ultrapassagem intensiva até um plano de ressonâncias:

> [...] é essa carga que é o princípio do transindividual; ela comunica diretamente com as outras realidades pré-individuais contidas nos outros indivíduos, como as malhas de uma rede comunicam umas com as outras, cada uma se ultrapassando na malha seguinte. Participando de uma realidade ativa, na qual ele é apenas uma malha, o ser indi-

> viduado age no coletivo: a ação é essa troca em rede entre os indivíduos de um coletivo, troca que cria a ressonância interna do sistema assim formado (ILFI, p. 328).

Já não cabe falar em individuação; ali onde a disparidade afetiva foge ao organismo e traça um plano transindividual, Simondon diz "indi-vidua*lização*", passando a descrever o signo pela tensão entre dois movimentos – incorporação de forças e aparecimento de um duplo espiritual: "a significação é dada pela coerência de duas ordens de realidade, a da individuação e a da individualização" (ILFI, p. 396-397). Dir-se-ia que um movimento supõe um corte entre os corpos, enquanto o outro recorta a fissura para perpetuar um excedente incorporal; irredutível aos regimes de interioridade orgânica, a comunicação transindividual é o pressentimento de um pensamento despossuído, criador, que "só pode ser constituído por aquilo que ele constitui" (ILFI, p. 416).

*

Na tese principal de Simondon, a comunicação começa articulando o menor e o maior, dispersões moleculares e um limite de expansão molar, forças estruturantes e forças estruturadas. Um segundo momento descreve uma topologia repartindo o interior e o exterior: uma membrana seletiva, película vital multiplicando regimes expressivos. Mas essa segunda distinção ainda encobria, dando-a por resolvida, uma fissura mais profunda entre o pensamento e o sistema sensório-motor. Em vez de abrir caminho para uma subjetividade possuidora de si, a espectralidade transindividual reformula o problema do indivíduo à luz de uma eternidade fugaz, plano de uma comunicação incorporal entre os corpos, "intemporal alocado entre duas realidades temporais" (ILFI, p. 430).

A comunicação transindividual não é nem sincrônica nem diacrônica; ela abre nexo resolutivo na zona problemática entre as ordens disparatadas do espaço e do tempo: "a transdutividade no nível psicológico se exprime pela relação entre a ordem transdutiva do simultâneo e a ordem transdutiva do sucessivo. Sem essa relação, a realidade psicológica não seria distinta da realidade física" (ILFI, p. 412). Já ao nível mais rudimentar da vida, Simondon via a necessidade de acionar uma topologia não euclidiana e um tempo inatual, e a mais simples membrana colocava em comunicação direta as desmesuras do dentro e do fora, do passado e do porvir: "todo o conteúdo do espaço interior está topologicamente em contato com o conteúdo do espaço exterior sobre os limites do vivente; não há, com efeito, distância em topologia" (ILFI, p. 340). Essa estranha "dimensionalidade" pediria ainda algum conceito capaz de

> [...] pensar a morfogênese, interpretar a significação das formas e compreender essa primeira relação do vivente ao universo e aos outros viventes [...]; antes mesmo das estruturas sensório-motoras, devem existir estruturas cronológicas e topológicas, que são o universo dos tropismos, das tendências e dos instintos (ILFI, p. 342).

A expectativa por um conceito adequado à desmesura seria talvez sintoma da insuficiência da noção de cronologia[44], ainda que Simondon a desobrigasse de qualquer tarefa de mensuração:

> Assim como, em topologia, as distâncias não existem, em cronologia não há quantidade de tempo. Isso de modo algum significa que o tempo da individuação vital seja contínuo, como afirma Bergson; a continuidade é um dos esquemas cronológicos possíveis, mas não é o único; esquemas de descontinuidade, de contiguidade, de envolvimento, podem ser definidos tanto em cronologia quanto em topologia (ILFI, p. 341).

O estudo da individuação vital vai, em qualquer caso, encaminhando algo não englobável, até culminar na hipótese de que uma ciência axiomática está fadada a fracassar, restando à filosofia persistir às margens do conhecimento, atividade sempre na borda de si, na iminência de virar outra coisa. Terá sido preciso espraiar a comunicação até que, no extremo da contiguidade espacial, se afirmasse uma superfície adimensional de pensamento, "no limite da realidade física e da realidade biológica" (ILFI, p. 415).

Se a solução orgânica mantém o pensamento e o tempo sufocados sob o hábito sensório-motor, chega a hora de sugerir que a individuação vital dizia respeito não tanto à vida quanto àquilo com que a vida precisava romper para deixar de ser opressiva, para reivindicar-se o direito de pensar. Quando libera o pensamento das suas subordinações fisiológicas, a individualização psíquica também habilita ver o organismo como incorporação de germes de forma, monumento de forças e tensões tombadas

---

[44] Simondon raramente se vale da tripartição temporal entre *cronos*, *kairós* e *aión*; para uma concepção do Ilimitado, recorre ao *ápeiron* de Anaximandro.

no passado: "realidade que se modifica e é modificada, sendo ao mesmo tempo o que ela deixa e o que ela toma, real enquanto relacional no meio de dois estados; ser da passagem, realidade passante, realidade enquanto passa, tal é a realidade transdutiva" (ILFI, p. 431).

Com efeito, a comunicação já diferia em velocidade e pendia uma lentificação até que Simondon a apanhasse no seu interstício mais veloz. Querendo aí evitar a oposição entre uma mente eterna e uma matéria decaída em instantaneidade inerte, o filósofo aceita o vocabulário "bis-substancialista" apenas para sugerir que o pensamento passa entre duas séries corporais, feito comunicação entre desnivelados: "o corpo puro é a alma infinitamente passada ou infinitamente distanciada no porvir" (ILFI, p. 430). É também nesse sentido que o signo, enquanto unidade transdutiva, cumpre a função dupla do teatro e da atriz:

> [...] a consciência é mediação entre dois devires corporais, movimento ascendente para o presente, movimento descendente a partir do presente. Poder-se-ia dizer que esse movimento de devir, procedendo etapa por etapa, é transdutivo. O verdadeiro esquema de transdução real é o tempo (ILFI, p. 431).

A individuação à luz das noções de forma e de informação faz protagonista o conceito de informação, que ali se inscreve cerca de quatro vezes para cada menção à comunicação. Mas, se decerto aí vagueia, a comunicação vai rente a singularidades criadoras, desdobrando efeitos de ressonância e explicando os seus níveis e modalidades de defasagem. Uma insubordinação do tempo às exigências do movimento não chega como algo de transcendente, e parece mesmo que as individuações física e vital assistiam a um sepultamento do presente no passado, enquanto um segundo movimento, que tomava o acontecimento por sua imagem virtual, corresponderia ao que Simondon chama de individualização. Para a copresença da memória e da imaginação no nexo simbólico, encontraremos a contribuição mais explícita de Simondon em um curso datado de 1965, mas, já em 1958, convivem as duas tendências, o crescimento de uma retomando a outra: "Cada pensamento, cada descoberta conceitual, cada surgimento afetivo é uma retomada da individuação primeira" (ILFI, p. 392).

Embora não apresentemos aqui um aprofundamento na tese complementar de Simondon, importa considerar que aquele outro texto se define menos por temática do que pela *demodulação* da concretude técnica. Esse desenredamento modal repartirá a realidade técnica em três níveis (elementos, indivíduos, conjuntos) articulados em processo de *concretização*. Um tal processo não bastará a si mesmo: face a outras modalidades do pensamento, a tecnicidade se vê entre os desdobramentos de um pensamento do fora. As duas teses de Simondon enfrentam a tradição filosófica de uma maneira muito peculiar, correndo em rastro ágil para buscar ferramentas em pesquisas das mais variadas especialidades, pedindo forças à ciência no mesmo passo em que transbordam o limite do observável. Esse rastro que desfaz o dado será a linha aberta da comunicação, linha ainda implícita, frequentemente recoberta por outros termos. Fica a comunicação pairando às margens do texto, e será preciso esperar um curso ministrado entre 1970 e 1971 para que Simondon se veja distinguindo explicitamente três níveis de maquinação comunicante: ecologia, etologia e psicologia.

4.2 Ecologia, etologia e psicologia

O *Cours sur la communication*, ministrado entre 1970 e 1971, parece confirmar a grande tese de 1958 ao sustentar, desde o início, uma complementaridade necessária entre comunicar e individuar. Jean-Yves Chateau (2010, p. 17) apresenta a edição francesa do curso para dizer que Simondon trata a comunicação como "real princípio de individuação". A comunicação implicaria um germe sígnico, como um relâmpago que atravessasse um desnível.

A metaestabilidade volta aí a se afirmar, permitindo ler a incerteza como potência de mudança e já não como função degradante, atrelada ao aumento de entropia em sistemas fechados. É curioso que Simondon abra o curso comparando duas casas: uma abandonada ao esquecimento e outra *metaestável*, acoplada a uma circunvizinhança. De uma casa a outra, o filósofo transita de uma ruína em crescente homogeneização para uma casa que é protegida e que protege, que é ameaçada e que ameaça. A linguagem vai do estável ao metaestável como de um espaço inerte, cada vez mais absorvido ao substantivo simples, para um teatro do tempo e uma mutualidade das relações de força.

A comunicação assume um caráter meteorológico, e Simondon evoca relâmpagos traçados no estalar de diversas séries de ionização, chamando atenção para potências pré-vitais que comunicam vastas distâncias de tempo e de espaço, "acontecimentos atmosféricos que se produzem em certos espaços muito localizados, como um desfiladeiro entre duas cadeias montanhosas" (CI, p. 33).

Sem decalcar a tripartição que organizava a tese de 1958, o curso distribui três níveis de complexidade da comunicação. Se antes classificava e descrevia a individuação nas modalidades física, biológica e transindividual, Simondon deixa entrever, agora, uma comunicação rítmica entre vibrações e ângulos de valência (nível ecológico), uma comunicação indicial entre territórios ou mundos (nível etológico) e uma comunicação interna entre saberes ou significações (nível psicológico). A comunicação começa indagando a casa, mas não sem acoplar *oikos* e *meteor*, se uma casa se diz da sua relação com o fora, dos desfiladeiros remotos que ressoam nela.

4.2.1 O meio e o ritmo

A comunicação começa o seu percurso no encontro contingente e ressoante entre desfiladeiros microfísicos; permite descrever o acaso não como um acidente, mas como o reencadeamento de séries incompatíveis, segundo a solução sugerida, em matemática, por Antoine-Augustin Cournot (1801-1877), para quem o acaso já não se opunha misteriosamente à causalidade – o acaso seria uma entrada em comunicação entre encadeamentos causais independentes. Simondon prolonga Cournot quando diz que a comunicação supõe "uma pluralidade (ao menos uma dualidade) de sistemas quase fechados" (CI, p. 59). A comunicação trabalha nessa fresta, nesse *quase*, com que os sistemas já não precisam decidir entre abertura ou fechamento – um *quase*-sistema é um sistema internamente heteróclito, metaestável, problemático.

De uma só vez, a comunicação suscita uma atividade sistematizante e não deixa consumar sistema algum; preenche cada sistema de um sentido simulacral, e não somente as fronteiras entre os sistemas, como também as assimetrias constitutivas de cada sistema, cedem espaço para a elaboração invisível de um *qua-si*, um *como-se*:

> A comunicação é o fato de que incidências de baixo valor energético podem estabelecer um acoplamento com amplificação de efeitos entre as diferentes ordens de grandeza de um mesmo sistema em estado de equilíbrio metaestável ou entre diferentes sistemas metaestáveis (CI, p. 60).

Nem na sua hora mais precoce a comunicação fica submetida à transmissão de imperativos de crença e comportamento. Uma informação só pode se dizer comunicante enquanto provoca uma ruptura e um trabalho de reencadeamento, isto é, *uma crise entre contato e resposta*, uma *dissociação* entre o que chega e o que sai. Pressentimos, desde já, que a comunicação supõe algum espaço de leitura, alguma obscura zona tradutória. É que reações meramente adaptativas ou automáticas, incapazes de alterar a distribuição qualitativa de um meio, não forneceriam casos de comunicação. Entre estímulo e resposta, a comunicação vem impor um aspecto aleatório, uma zona de imprevisibilidade:

> Remexer um monte de areia não é entrar em comunicação com ele, se a areia é perfeitamente homogênea e não esconde nenhuma singularidade; mas a comunicação começa se o encontro com uma pedra, antes invisível, modifica o gesto ou provoca um deslizamento, ou ainda se sai dali um animal escondido (CI, p. 77).

O acontecimento surpreendente não precisa esperar pelo aparecimento do organismo complexo, e já uma ecologia inorgânica implica intervalos críticos entre sensação e reação, entre a recepção e a devolução de movimento. Concebida como a fulguração imprevista de uma diferença de potencial, a comunicação alcança, aquém mesmo do fenômeno microbiológico, as tensões elementares que prefiguram o relâmpago. Já a filosofia pré-socrática teria intuído essa natureza comunicante, anterior ao homem e a toda vida orgânica:

> Nada autoriza a limitar a comunicação às trocas entre seres vivos, ou mesmo aos acoplamentos centrípetos ou centrífugos entre o ser vivo e o meio. Existem também comunicações na natureza selvagem e não-vivente; acoplamentos e interações entre as radiações e as partículas, encontros democritianos de átomos (CI, p. 70).

O movimento característico da comunicação, nessa sua manhã inorgânica, será o curto-circuito zigue-zagueante entre o dentro e o fora: "Esse ziguezague entre a recepção por contato e a reação é a forma mais simples da comunicação" (CI, p. 75). Esbarrando às cegas, sem lembrança nem antecipação, as primeiras películas comunicantes padecem de uma lisura instantânea, e a comunicação procede por relampejo, curto-circuito, atualização reiterativa de um *preferendum*. Mesmo abreviada, rudimentar, a comunicação descreve acoplamentos e vaivéns recíprocos, e uma dilatação do intervalo entre contato e reação revelaria germes de seletividade, agentes de uma vaga preferência intensiva: tal região do gradiente de luz, tal faixa de temperatura, tais diferenciais de vibração.

Simondon colhe exemplos na biologia molecular, que descreve vírus e proteínas cumprindo a passagem do acaso à regra, da colisão de cadeias sequenciais à sua tradução amplificante em uma estrutura terciária. Antes de distenderem expressões bióticas, as moléculas devem negociar os seus ângulos de valência, selecionar o que passa e o que não passa, o que absorver e o que defletir, e já esse trabalho seletivo supõe tendências motrizes capazes de polarizar os encontros entre o salutar e o danoso, entre o amplificante e o destrutivo. Imiscuída na sopa molecular, a operação transdutiva alcança obscuros *preferendums*, motivos intensivos sugerindo uma mediação *gnósica* ou, no mínimo, um interstício de energia potencial, capaz de conferir um aspecto aleatório aos rastros relampejantes do encontro: "entre sua 'entrada' e sua 'saída' (receptores e efetores) intervém uma camada intermediária, uma terceira realidade do tipo da gnose, da motivação, da atitude ou da tendência, talvez simplesmente da energia potencial" (CI, p. 77).

A teoria da individuação aludia ao pré-individual como ao indeterminado, zona ilimitada de potenciais e singularidades, e era apenas em páginas de conclusão que Simondon sentia a necessidade de chegar a uma descrição intrinsecamente determinável do indeterminado. O curso sobre a comunicação parece responder a essa necessidade, e o intervalo se vê preenchido de atitudes, tendências, motivações, nisso que convém ler à luz dos motivos musicais ou picturais. Se mesmo o acontecimento inorgânico implica intervalos de indeterminação e margens de errância, é que um *preferendum* compõe-se tão somente de diferenciais intensivos; o meio ecológico não é ainda o mundo estável dos objetos e das formas – é meio de manchas sem contorno, meio de vagas sensações sonoras e luminosas. Assim, quando faminta, uma mariposa se deixa atrair por azuis e amarelos, e não pela forma da folha ou da flor; em fase de reprodução, ela busca não os seus semelhantes, mas certos graus de cinza, manchas escuras que ela tende a preferir mesmo sobre o castanho, ligeiramente mais claro, de outras mariposas. O primeiro nível da comunicação não conhece semelhanças estruturais, comparações, isomorfismos; experimenta, bem antes, uma passagem pelo informe e uma variabilidade das formas. Distendida em superfície, a linha inorgânica seria algo como uma linha de Pollock, linha sem referente tátil, jamais constituinte de contornos ou territórios, mudando de direção em cada um de seus momentos, tendendo mesmo a coincidir com a superfície de inscrição.

Seria pouco vantajoso rebater balizas disciplinares sobre as categorizações trifásicas do simondonismo. Na sua fase mais simples, a comunicação não é mais físico-química do que ecológica, intensiva ou, se quisermos, estética. A apreciação da comunicação ecológica envolve, em Simondon, uma apreciação do caráter iniciático da percussão, da variação rítmica: é mesmo por troar ruidosamente, próximo a um simples recobrimento aditivo de vibrações, que o ritual de tambores consegue arrastar, em bloco comum, diferentes culturas, saberes e sistemas. Apta a sintetizar a série diacrônica dos sinais sonoros, a atenção acústica se dirá menos primária do que a reação epidérmica à luz, observada no vegetal e a nível microbiológico; mas mesmo os efeitos de fotocinese, ou a intensificação do crescimento pelo sinal luminoso, não passariam sem o trabalho de certos *agentes moleculares*, a exemplo de fito-hormônios como as auxinas. A comunicação começa acoplando um meio ruidoso e um germe de ritmo, um caos vibratório e uma sensibilidade rudimentar, hormonal. Esse é o sentido estrito de *hormé* – força, disparo de movimento, início de fluxo.

4.2.2 O território e a máscara

Entre ecologia e etologia, a comunicação passa da reiteração exterior de um *preferendum*, como de uma maneira singular de ser, para o envolvimento de diversas maneiras de ser em um meio de interioridade: "relativamente à comunicação, existem não apenas diversos níveis, mas também diversos seres vivos em um só, desde que aparece a comunicação etológica" (CI, p. 93).

Se era por lentificação que a individuação saltava de nível, de uma modalidade física para uma modalidade orgânica, a comunicação passa da ecologia para a etologia também pela dilatação de um intervalo, mas de um intervalo descrito, desta vez, como um hiato entre encontro e resposta, contato e reação. Implicando em si diversas maneiras de ser, a comunicação etológica supõe uma modulação social da percepção, resolutiva da concorrência de regimes perceptivos em um meio que deveio intra e interterritorial. Já se pode respirar, perceber, evitar e precipitar embates. Se antes não apreendia obstáculos, objetos ou formas, a comunicação compreende agora um campo de possibilidades, passando da repetição

GILBERT SIMONDON & A COMUNICAÇÃO MAQUÍNICA

instantânea para um plano de composição. Enquanto a ecologia acoplava germes de ritmo a meios vibratórios, vagas manchas de cor ao gradiente contínuo da luz, prevalecendo exemplos oriundos da microbiologia e da botânica, a etologia descreve perspectivas dialogantes, e o levantamento de casos transita para o estudo das interações animais. Descortinam-se aí ricos teatros sinaléticos: a marcação de território, o cortejo, a normalização da conduta dos jovens, as hierarquias intraespecíficas, as rotinas de predação, as simbioses e os parasitismos. Resfriados os embates moleculares, as atrizes da comunicação confrontam paisagem e discernem gatilhos e atratores singulares; contra o fundo ruidoso, delineiam-se territórios expressivos, que serão gritos, chamados, urgências, danças e anúncios.

Não será infrequente que, ao apreciar regimes de percepção-ação, os esforços para traduzir diálogos intraespecíficos resultem na transcrição de exortações redundantes. Mesmo quando rematada em um aceno de cortesia, a comunicação aqui responde, em boa medida, à função de linguagem que Roman Jakobson (2011) chamou de *fática*. Eis como o etólogo e ornitólogo Konrad Lorenz (1903-1989) traduz um diálogo noturno entre duas gansas que não se enxergavam: "Estou aqui – onde estás?", "Estou aqui", "Vou dormir, boa noite". Mas não custa ver que, mesmo modesto, de interesse meramente indicial, esse diálogo não se limita à função fática, como lhe bastasse estabelecer contato ou verificar as condições materiais de comunicação; é diálogo que sugere uma análise espacial e uma distribuição dos papéis recíprocos de mãe e filha, ou de protetora e protegida. Importa ressaltar a ideia dramática de *papel* – em vez de pressupor a filiação como um dado biológico, a comunicação traduz o nexo parental como uma distribuição de funções de enunciação, donde o enorme sucesso de Lorenz no papel de mãe adotiva, uma vez aprendidas as fonações, os diferenciais sonoros que aquele papel exigia encarnar, quando menos antes do adormecer: "*Wiwiwiwiwi*", "*Gangangang*", "*Wirrrrr*".

Um prodigioso pesquisador da comunicabilidade animal parece reforçar a tese simondoniana acerca da comunicação etológica. De acordo com Gregory Bateson (2012, p. 116), o miado de um gato doméstico, em vez de referir o leite como um objeto desejado, emite uma "invocação de dependência". Muito antes de representar estados de coisas ou de espírito, a linguagem é ato vinculativo, instituição de nexos de dependência entre forças. Tanto mais por envolver encenações de diferentes ritos e rotinas de dependência, a etologia já observa um mesmo ser precisando comutar entre diversas maneiras de ser, que serão os diferentes papéis nele coexistentes. Relativamente ao seu nível ecológico, a comunicação ganha distância para dramatizar afrontamentos entre territórios e assumir uma capacidade expressiva que, atenta às qualidades materiais do meio, extrapola a interação fonética. Com efeito, já não é forçoso um engajamento corporal imediato, se o drama interterritorial transcorre em um palco rico em mediadores abióticos:

> [...] a tinta derramada pelo cefalópode perseguido, a urina projetada por certas espécies, as pedras que os primatas sabem lançar contra os seres que os assustam, e muito geralmente os produtos de dejetos devolvidos ao meio pelo metabolismo de cada espécie ampliam o círculo do espaço ocupado, sem que se trate de informação transmitida como sinais, e mesmo se outras espécies empregam essas modificações do ambiente [milieu] como meio [moyen] de detecção. O que importa é que o desenvolvimento vai do contato direto e biótico à comunicação a média e longa distância, que se faz geralmente por intermédio de um agente abiótico do meio (CI, p. 45).

A etologia permite uma comunicação distanciada, mediada por índices. Assumidas como agentes abióticos, as variações qualitativas do meio viram marcadores, conversores de território, o que supõe uma relativa desterritorialização dos materiais, nos termos de Deleuze e Guattari (1997). Em etologia, habita-se um mundo repleto de cartazes de outros mundos, de outras preferências. Capaz de contemplar ameaças e atratores em paisagem, um mundo perceptivo prepara a ação concentrada, com início, meio e desfecho. É já nesse nível que a comunicação aprende o fingimento, o disfarce, o blefe: enquanto o predador simula a ação futura em rotinas de treinamento, a presa dissimula, veste fantasias por semelhança, a exemplo de pequenos insetos que divulgam as manchas e as cores de animais maiores e mais temidos. Não que a comunicação vá encaminhar a vida para a ilusão e a mentira, nem que o bufão seja o seu personagem típico – é a problemática vital que exige, de natureza, soluções dramático-expressivas.

Se as atrizes etológicas já dialogam, se já constroem casas e demarcam territórios, se já planejam e simulam sequências de ação, que outro nível de comunicação permaneceria ainda atrofiado?

Simondon aprecia que mapas e quadros admitam uma leitura plurissequencial, favorável à pesquisa e à descoberta de "novas significa-

GILBERT SIMONDON & A COMUNICAÇÃO MAQUÍNICA

ções". Uma tal exploração, imprevisível nos seus desdobramentos, já não estará indexada a uma perspectiva, como a um centramento perceptivo. Um drama territorial, no que sugere um enfeixamento de atividades unidirecionais, ainda se dá muito facilmente a transmitir informações e idealizar uma recepção dócil. Tudo se passa como se a comunicação etológica impusesse aos corpos uma regulação narratológica, e Simondon chega a acusar "uma sequência etológica que impõe uma direção ao comportamento" (CI, p. 134).

Tomando distância de uma instantaneidade errante, a comunicação se orienta segundo códigos, arquétipos, associações e assimilações. As insuficiências são aí análogas às que preveniam a individuação orgânica de se ultrapassar até uma individualização transindividual: um meio de interioridade vai até onde a sua estrutura é posta em xeque pelo absurdo, até onde a sua fórmula, face ao intraduzível, precisaria variar.

Não se deve imaginar que o código linguístico viria superar a comunicação etológica. O salto para uma comunicação de "terceiro nível" não se define pela instituição do signo verbal. Se Simondon não cessa de trair as classificações por gêneros e espécies, é que a sua filosofia não prejulga a natureza do pensamento. Ecologia e etologia não são suportes para a edificação do sujeito consciente; tanto o inorgânico envelopa germes de pensamento quanto a ordem discursiva dá novo alcance para o entronamento de xenofobias reativas, organizadas contra a diferença:

> [...] nas espécies sociais, a comunicação permite reconhecer o estrangeiro, excluir o desviante, colocá-lo em quarentena; a linguagem humana possui, ela mesma, esse caráter duplo: suscitar a ação, os encontros, sincronizar as condutas organizadas e, em contrapartida, servir de critério para reconhecer, excluir ou afastar o estrangeiro (CI, p. 65-66).

Se decerto contempla a copresença de diferentes domínios de expressão, a comunicação etológica também distribui papéis sociais estáveis, para uma normatização e uma previsibilidade dos comportamentos. Encarada como um código, a língua menos ultrapassa do que universaliza, em estrutura abstrata, o funcionamento concreto da comunicação etológica. Uma linguística geral ou universal seria uma linguística que esqueceria ou que buscaria esconjurar a originalidade viva da comunicação:

> [...] certamente existem leis de expressão coerente em cada língua; mas se essas leis se aplicassem à totalidade

do enunciável, o discurso não poderia aportar qualquer informação; é na medida em que possua certo número de graus de liberdade que a linguagem pode ser veículo de uma originalidade (CI, p. 134).

Do ponto de vista de um código geral, o fenômeno comunicativo só pode oferecer símiles, cópias mais ou menos degradadas de uma originalidade perdida, recuada ou, em todo caso, fora de jogo. Porta-vozes desse platonismo, os comparatistas do século XIX amaldiçoavam a comunicação, acusada de contaminar o sânscrito, de precipitar a língua sagrada em uma decadência irreversível. É que, longe de se contentar com a representação de um código, a comunicação supõe operações transdutivas, ou transcodificantes. Uma máscara não é a imitação de um arquétipo, nem se reduz ao cumprimento de uma função orgânica; uma máscara é a solução localizada de um problema. A comunicação etológica supõe um processo expressivo de desadaptação ou de desterritorialização: antes de afugentar um invasor, o arremesso desadapta tanto a pata dianteira, que vira mão, quanto a pedra, que vira arma. A dilatação desse processo desadaptativo encaminha a comunicação para um plano de concepção, aí onde ela afronta o incomunicável e pensa a sua diferença interna.

4.2.3 O labirinto e a enciclopédia

Certos pássaros enriquecem o seu fraseado com a música vinda de fora. O canto territorializante reserva aí uma disponibilidade para incorporar, do estrangeiro, os motivos sonoros, os intervalos de silêncio, o tempo de espera antes de responder. Com tanta sutileza multiplica variedades dialetais, a modulação intensiva e frequencial da voz chega a permitir a individualização de assinaturas fonéticas, e Simondon trata ainda de pássaros quando menciona escolas de canto, duetos antifonais, aprendizagens de uma escuta que deveio atenta: "O nível intelectual ou psíquico da comunicação aparece com a ruptura da estereotipia do sinal, que é também contemporânea da capacidade de aprendizagem, ao menos para as aves e os golfinhos" (CI, p. 112).

As linhas sem contorno e as manchas vagas da comunicação ecológica haviam sido esconjuradas pela estereotipia. A modulação orgânica tendia a um código, a um molde de natureza sociológica, cuja linguagem instituía e estabilizava vínculos de dependência. O nível psíquico da comunicação pedirá uma ruptura de regime, uma crise de linguagem. A aprendizagem não pode se dar por aplicação de moldes; ela supõe margens de liberdade, disponibilidade para uma mutação dos regramentos da ação. Não é apenas que o refrão do pássaro implique um trabalho complexo de modulação; é que esse trabalho comporta, em si, uma ideia estrangeira.

Essa crise da propriedade vai colocar em errância aquela hipertrofia etológica da linguagem indicial. É também dizer que, enquanto marcações rítmicas ainda se incorporam a objetos – designando-lhes as funções de ferramenta, de arma, de máscara –, a escritura permanece em situação etológica. Ao nível do pensamento, a comunicação supõe uma ruptura da indexação naturalizada e o aparecimento de uma diferença de natureza entre os corpos e os enunciados, entre o visível e o dizível. Os signos se arrancam aos objetos, não mais do que os objetos se liberam às funções; a conquista de independência será recíproca, valendo não mais para as figuras do que para os suportes materiais, que já não se contentam em imitar ou prolongar uma forma: "A comunicação visual conquista sua independência quando a marca se libera do objeto portador e quando o objeto já não está destinado (como o cetro, a mão de glória) a prolongar ou intensificar uma atitude, ou uma mímica (a máscara)" (CI, p. 126). Embora o curso de Simondon examine a acústica e a visualidade separadamente, ambas as pistas de sentido observam, ao nível da comunicação psíquica, processos de ruptura desadaptativa; enquanto o signo ótico tende a se furtar às coordenadas do espaço, o signo sonoro tende a se furtar às coordenadas do tempo: "essa independência relativamente à sequência unidirecional do comportamento se traduz pela independência dos elementos do discurso uns relativamente aos outros" (CI, p. 134).

A comunicação se surpreende, com efeito, em situação de ruptura audiovisual, e será mesmo essa cisão comunicacional entre espacialidade visível e sequencialidade sonora que dará ocasião, segundo Simondon, para o nascimento de hipóteses metafísicas opostas: o realismo platônico confiará na contemplação visual para sugerir a preexistência de uma comunidade analógica entre as cópias sensíveis e os modelos ideais, legitimando a síntese de opiniões contrárias em uma estrutura superior; já o empirismo insistirá que o elemento sensível aporta o seu próprio princípio de inteligibilidade, quando menos pela necessidade da sucessão temporal, que seria como um diálogo progressivo entre o sujeito e a experiência. Sistematizada pela filosofia de Kant, essa divisão encobriria a zona problemática da comunicação psíquica, que Simondon também chama de comunicação interna, ou comunicação entre comunicações, se a comunicação aí aprecia o processo pelo qual ela diverge de si. No interstício, desmoronam os critérios prévios de semelhança e de contiguidade, os eixos coordenáveis da metáfora e da metonímia; subtraídos ao curso da ação e aos encadeamentos de imagens, os signos óticos e sonoros mergulham em um meio de indeterminação ou de aleatoriedade: "não há comportamento já em curso; a comunicação pode se situar antes ou depois do comportamento, ou mesmo não ser relativa a um tipo definido de comportamento" (CI, p. 134). Nem o visível se coordena por nexos de analogia estrutural, nem o dizível acha a sua determinação em um código; se a comunicação ainda quiser reportar a mensagem a um código, será preciso dizer que a mensagem, em vez de codificada, implica agora um vazio, hiato para um código futuro, graças ao qual ela será, com sorte, interpretada. A mensagem deveio um composto internamente problemático.

A pergunta que Simondon não cessa de fazer diante do fenômeno comunicativo é: qual é a modalidade de relação entre os termos comunicantes? E dizíamos pressentir, desde o início do curso, rumores de uma teoria da leitura – se nem uma reação automática, nem um compartilhamento de significados, então o quê?

Simondon emprega diversas noções para aludir aos potenciais comunicantes de terceiro nível: significações, invenções, originalidades, elementos do saber. O problema que o ocupa mais explicitamente é aquele da incompatibilidade entre as ciências, e o filósofo aprecia, nessas alturas, não apenas a enciclopédia, mas também livros de alquimia e de ocultismo, nos quais a iconografia se acha saturada, rica em ressonância interna. Simbólica, a comunicação descobre a contemporaneidade entre ler e inventar, e o seu trabalho propriamente pensante será o de traduzir o intraduzível:

> [...] a invenção resta como o que faz aparecer uma necessidade *post facto* possibilitando uma comunicação entre sistemas de comunicação primitivamente intraduzíveis; a invenção tem um sentido de autoconstituição de normas; ela não é uma comunicação, mas *uma* comunicação entre comunicações (CI, p. 129).

Quando a individuação alcançava esse nível inventivo, o corpo experimentava uma liberação de potenciais afetivos que, arrancados à função orgânica, davam margem para uma individualização transindividual. O curso sobre a comunicação, por sua conta, traduz esse campo de potenciais nos termos de uma disponibilidade para a aprendizagem ("mais-valia informacional") e de uma simetria de direito entre os comunicantes (donde a ideia de uma comunicação entre comunicações, entre originalidades, entre invenções). Os diferenciais pré-individuais devêm "ilhotas de significação" que remetem umas às outras; serão elementos sem função, definidos tão somente por sua determinação recíproca:

> [...] o funcionamento de todas as outras partes é a condição de existência daquela que se examina e se isola epistemologicamente. [...] A mais alta comunicação é aquela que se traduz pelo fluxo incessante entre os domínios do sistema organizado pela resolução; essa comunicação traduz o ato principal de organização; ela existe tanto numa fé religiosa quanto numa válvula eletrônica; esses caos originais coerentes apresentam sempre o duplo aspecto de contradição interna e unidade funcional; eles não são descritíveis nem sob forma de encadeamento causal, nem sob forma de teleologia unilinear; eles têm facetas, eles são multipolares (CI, p. 86-87).

Em seu plano de concepção, a comunicação enfrenta o problema de extrair uma caos-coerência de um caos originário: "Um cristal resolveu em sistema ordenado o caos molecular da sua água-mãe supersaturada" (CI, p. 87). Se não uma estrutura fixa, haveria alguma estruturalidade nesse interstício psíquico?

Simondon diz malha, jogo de peças plurivalentes, mas sempre volta ao enciclopedismo como ao plano de um labirinto perpetuamente provisório, aberto em todos os pontos e retomado por inteiro a cada nova entrada, cada entrada valendo pelo movimento com que retoma e modifica todas as outras. Não seria um projeto na cabeça de um indivíduo; pelo contrário, o enciclopedismo nasceria, a cada tempo, de um movimento coletivo contra autoritarismos vigentes e pela provocação, em cada canto, de relações diretas com o pensamento. É somente nesses termos que chegamos a compreender, aliás, a fórmula simondoniana do autodidatismo. Gesto enciclopédico por excelência será o de dispensar as relações de subordinação e o estatuto da autoria, resquícios de uma comunicação etológica:

> Em tal situação, o autor e o inventor desaparecem; o conhecimento "magistral" pertence em parte à comunicação do segundo tipo: é o pensamento de tal filósofo, a teoria de tal cientista, que é proposta a outros filósofos e cientistas; mesmo que se proponha uma doutrina a toda a humanidade,

ela se encaixa em uma comunicação do segundo tipo, pois sua origem, sua fonte, não tem o mesmo estatuto que os termos que recebem a mensagem, mesmo se eles respondem e criticam, depois reemitindo-a por sua conta, como nas discussões que se seguem a uma conferência[...] (CI, p. 79).

O autor resta como o rastro de um acontecimento, como o nome de uma multiplicidade; na distância que foi tomando relativamente à transmissão de informações, a comunicação culmina repelindo qualquer simplicidade monológica: o seu percurso não é jamais o de uma seta unidirecional; a comunicação descreve um circuito, um zigue-zague entre termos que ela avizinha e modifica. Ainda outra vez, os termos comunicantes não são consciências; um diálogo em sala de aula, por exemplo, distribuir-se-ia não entre sujeitos, mas entre elementos do saber:

O professor também pode, em certos casos em que sua especialidade não é um obstáculo, tender para o trabalho enciclopédico: nesse caso, dentro do próprio saber que ele trabalha para propagar, caminha um enciclopedismo; o diálogo não é mais instituído entre um homem e adolescentes, mas, no saber do homem tanto quanto no dos adolescentes (menos completos, mas com o mesmo estatuto), entre um elemento do saber e outros elementos do saber: trata-se de uma sociedade de elementos do saber sem assimetria de termos. [...] O maior problema pedagógico consiste em encontrar uma maneira de instituir (no interior do corpo do saber) a comunicação de terceira ordem [...] (CI, p. 79).

Escrevendo dois anos após as insurreições estudantis de maio de 1968, Simondon formula o problema pedagógico como o problema de resistir à transmissão de informações; cumpria viabilizar um afrontamento de perspectivas incompatíveis, para um coletivo em cada ponto produtor de diferença epistêmica. O enciclopedismo aparece não como um modelo ou uma finalidade, mas como uma entre as expressões de uma comunicabilidade essencialmente imprópria; quando efetivamente responde ao problema de como uma comunicação enciclopédica se institui, Simondon passa a evocar livros de alquimia (Atalanta Fugiens, Mutus Liber), mas não como portadores de uma verdade oculta, senão por seu caráter fortemente emblemático, típico da literatura barroca, ou da arte mesma de produzir cristais tortuosos e irregulares. A descrição do diferencial sígnico como "elemento do saber" não devolve a comunicação, de última hora, para um modelo representativo; a rigor, o simondonismo descarta todo conhecimento sobre a realidade ou sobre o outro, restando experimentar processos de individuação, de reciprocidade na modificação. Uma mensagem não é a comunicação de uma verdade – é um encontro que, com sorte, provoca o nascimento da leitura, como de uma verdade da comunicação. A qualificação do diferencial operatório como elemento do saber interessa menos do que a ideia de um interstício de mutação recíproca. A narração aí não tem por onde aspirar à verossimilhança, e a descrição já não postula a independência do seu objeto; a comunicação mergulha na indiscernibilidade entre dentro e fora, entre quem vê e quem é visto, e não há sujeito de enunciado que não venha a vampirizar o sujeito de enunciação, como tomando-lhe o lugar, e vice-versa. A enciclopédia, a aula e o livro de emblemas são apenas casos; veja-se como o filme barroco, feito imenso parque de diversões, chega a instaurar um cristal labiríntico, na descrição de Deleuze:

> Não há unidade de Roma, só a do espetáculo que reúne todas as suas entradas. O espetáculo se torna universal, e não para de crescer, precisamente porque não tem outro objeto além das entradas no espetáculo, que, nesse sentido, são outros tantos germes. Amengual definiu muito bem essa originalidade do espetáculo em Fellini, sem distinção de quem olha e de quem é olhado, sem espectadores, sem saída, sem bastidores nem palco: menos um teatro que uma espécie de gigantesco Luna-Park, no qual o movimento, que se tornou movimento do mundo, nos faz passar de uma vitrina a outra, de uma entrada a outra, atravessando os compartimentos. [...] o cristal de Fellini não comporta rachadura alguma pela qual se poderia ou deveria sair para alcançar a vida; mas tampouco tem a perfeição de um cristal prévio e talhado, que reteria a vida para congelá-la (Deleuze, 2018, p. 134).

Cada entrada não vale menos do que a unidade virtual do conjunto, e a unidade já não existe como um pressuposto; subsiste como um efeito movente e modificável, como unidade estritamente maquínica. A unidade já não subsome as partes; é cada entrada singular, modestamente localizada, tão estreita e limítrofe quanto um ponto físico, que experimenta saltar sobre si mesma, em ato de reviração caósmica; em vez de um sistema geral integrando sistemas particulares, o enciclopedismo simondoniano vislumbraria o recomeço, a cada vez renovado, de um curto-circuito entre o ínfimo e o infinito. Nenhuma forma estável convém ao labirinto, ou à comunicação de terceiro nível. Quando a antropologia brasileira lê Simondon, o coletivo enciclopédico já se transmuta, e Laymert Garcia dos Santos (2012) sugere que um coletivo de xamãs é que se habilita a uma "impressão estética verdadeira", ou a uma percepção direta do imperceptível.

Se esse terceiro nível jamais se dá como um englobante, convém determinar em que sentido os diferentes níveis de desdobramento da comunicação permanecem irredutíveis entre si. Nas últimas páginas do curso de 1970-71, cada nível parece traçar um plano, e então lemos que um organismo "está limitado por sua coerência, por seu plano de composição que o permite viver" (CI, p. 114) e que, suscitando em si sistemas de significação como feixes de originalidades reunidas, o pensamento "se esforça em comunicar seu plano de concepção para propagá-los" (CI, p. 114). Embora não se caracterize analogamente o nível ecológico, não parece inadequado chamá-lo de plano de ritmação ou de preferência.

O curso sobre a comunicação permite distinguir três planos do pensamento simondoniano: um plano molecular de preferência, um plano ético de composição e um plano psíquico de concepção. Embora descrevam complexidade crescente, os três níveis coexistem sem subordinação, e cada plano se povoa dos elementos diferenciais que lhe concernem, donde a diversidade de soluções suscitadas em cada nível. Um plano conceptivo implica ilhotas de significação, e Simondon estima que uma resposta adequada às incompatibilidades cosmogônicas será inventar uma comunicação enciclopédica, pedagógica, ali onde a comunicação precisa, a cada vez, afrontar a sua diferença interna e atualizar o seu conceito. Um plano de composição responde a problemas de interação e afrontamento territorial, implicando regimes de percepção e ação, inteligência indicial, distribuições de papéis sociais, funções de conservação e de equilíbrio, mas também todo um teatro de disfarces e simulacros, toda uma organização já em vias de desfazimento. Já um plano de ritmação implica preferendums, motivos intensivos e agentes larvares dispersos em um tempo de repetição instantânea e um espaço de murmúrios e manchas vagas. A chance de novidade em cada plano, a chance mesma de que cada plano se trace e se atualize, supõe o afrontamento dos seus respectivos limites problemáticos, de suas margens de afasia.

5

SUPERFÍCIES DE TRANSDUTIVIDADE ABSOLUTA

Uma catástrofe, e o cristal se fissura, se disjunta. É o caos, a menos que um salto inventivo venha distinguir meio exterior e meio interior, percepção e memória, descontínuo e contínuo, espaço e tempo. Ainda assim, a disjunção está feita, e os extremos permanecem inconciliáveis: a sua copresença deveio problemática, desprovida de plano comum. Mesmo que a percepção ainda maneje figuras estáveis, um fundo de forças se lhe escapa a perder de vista: "Tudo aquilo que, no mundo, é o início de uma fissura – ruína, afeto histórico –, permite escapar da percepção para entrar no universo afetivo-emotivo" (IMIN, p. 35).

Dir-se-ia que, de direito, os planos disjuntos se reúnem em profundidade, em uma estrutura volumétrica assegurada pela significação. Mas uma resolução pelo signo não diz muito enquanto não descreve o seu método. Pode ser que o signo entrone o primeiro plano como determinante e organize a profundidade em função das figuras; e pode ser que, revertido, o signo determine a diferenciação e a repartição das figuras a partir de um fundo concebido como treva ou luz absolutas. Num caso como no outro, postula-se uma predominância – seja dos contornos orgânicos da forma, seja de uma profundidade totalizante –, e a disjunção se resolve menos por comunicação do que por dependência. Houvesse uma terceira maneira, um jeito intervalar de pensar a crise, o pensamento passaria e cresceria pelo meio, entre os planos, entre os disjuntos, e reivindicaria um método pré-lógico, nomeado *transdução*.

5.1 O hóspede transdutivo

Entre os relatos de caso de um estudo sobre a psicologia da primeira infância, publicado em 1924, encontra-se aquele de uma criança que folheava um livro de gravuras quando uma figura de pássaro fez nascer a pergunta – este pássaro põe ovos? Interpelada por uma chance clara de introduzir o filho às ciências da vida, a mãe anteciparia, de pronto, que todos os pássaros põem ovos. Mas uma mesma verdade para todos os casos não apaziguaria a curiosidade, e a criança apontaria, em seguida, para uma figura vizinha, a ver se este outro pássaro punha ovos. A mãe acentuaria, mais uma vez, que os pássaros *todos* põem ovos. Só que a criança, eternamente deslembrada de acatar uma lei genérica, teimaria em indagar de próximo em próximo, renovando a sua dúvida de particular em particular, em um processo mental que William Stern (2018) chamou de *transdução*.

De acordo com Stern, crianças menores não sabem arranjar diferenças sob um juízo comum (raciocínio indutivo), nem fixar uma premissa maior da qual derivar conclusões necessárias sobre casos particulares (raciocínio dedutivo). O pensamento, nos seus primeiros dias, visaria ao particular, sem consideração pelo geral. É bem como se a criança e o adulto se separassem por uma diferença de ênfase, pela distância inconciliável entre *este* e *todos*.

Mas como poderia a criança designar pássaros particulares, se a sua atenção já não estivesse recortada pela ideia geral de pássaro, se ela já não invocasse o conjunto que reúne as partes, o molde válido para cada um? Se o caso relatado pelo psicólogo tem algum interesse, é enquanto a coisa designada não se deixa apreender como parte de um conjunto: mesmo que admitisse cobrar de cada pássaro uma dívida para com uma duvidosa regra geral, à criança ainda restaria, quando menos, o vago pressentimento de que *isto* não é um pássaro. O insólito não é, pois, andar designando particulares – é submeter a designação a um deslizamento, a uma potência do repetitivo: a criança enfileira dêiticos (*e este, e aqui outro, e mais isto*) sem guardar nexos de conformidade nem deixar prever um termo último, que totalizaria a série. Agora bem – enquanto curto-circuita o juízo isomórfico e desnaturaliza a representação, como o pensamento transdutivo se previne de desabar em uma instantaneidade pelicular, sem passado nem futuro?

A transdução se arranjaria, segundo Stern, com certas relações analógicas: se uma criança demanda a um cozinheiro que pare de arrancar penas, é que a galinha, sem camiseta, periga passar frio. Stern não chega a dizer, mas já se nota que esse tipo de analogia, não raro observado em cosmovisões indígenas, dispensa juízos de semelhança estrutural: em vez de se avizinharem metaforicamente, por transporte de similitudes ou compartilhamento de propriedades, o vestuário humano e a plumagem da ave ressoam por afinidade operacional, como superfícies moduladoras de uma disparidade térmica. E seria ainda reivindicando um pensamento operacional que uma criança distanciaria aquilo que a convenção representativa havia unido por semelhança externa: um brinquedo sem portas nem janelas, incapaz de hospedar passageiros, não há de ser uma locomotiva.

Naquele mesmo ano de 1924, Jean Piaget (2012) publicaria trabalho situando a transdução em um estágio pré-causal do desenvolvimento do raciocínio, quando a lógica engatinharia erraticamente, tendo por defeito maior a irreversibilidade. Piaget estima a reversibilidade por conquistar um estado de equilíbrio; nesses termos restritivos, a reversibilidade caracteriza a operação simétrica, em vaivém mutuamente compensatório, assim a soma e a subtração, a multiplicação e a divisão. O que preocupa Piaget é que o raciocínio transdutivo altera irremediavelmente o seu objeto, sem contraoperação que equilibre a sua passagem; a criança ficaria, assim, refém de "experimentos mentais", do inconsciente e das contradições, já que as suas inferências localizadas, as suas "fusões imediatas de termos separados" (Piaget, 2012, p. 189) não poderão aplicar-se alhures, sobre outros casos e contextos.

Não demora para que a denúncia da transdução descambe em uma culpabilização do corpo; o instinto será como um hospedeiro parasitário, contra o qual uma inteligência orgânica, anfitriã em sua própria casa, pretensamente dona de si, precisará reagir: "é apenas óbvio que há, no organismo, por exemplo, um hospedeiro [host] de tendências antagônicas existindo em uma condição instável" (Piaget, 2012, p. 170). Vizinha ao instinto, a transdução será operação ilógica e irreflexiva, tendente ao devaneio e ao jogo, etapa primeira da inteligência rumo ao raciocínio válido. Deverá a criança eliminar esse elemento de desarmonia e superar essa maneira de pensar, se "a essência do pensamento é a tentativa de tornar reversível a própria realidade" (Piaget, 2012, p. 189), se a lógica aspira a tornar-se "independente do tempo" (Piaget, 2012, p. 171). A depreciação do pensamento transdutivo se vê inseparável, pois, de uma depreciação do corpo e do tempo, de um desdém intelectual contra o instintivo, o mutante e o passageiro. É bem como se, tratando a transdução como impureza eliminável, a inteligência adulta se recusasse a hospedar o segredo das suas surpresas e descobertas, restando ao instinto, quem sabe, guardar o segredo do seu próprio desenvolvimento.

Ao contrário do que previa e recomendava a psicologia do desenvolvimento, a transdução se espraia século adentro e vai deixando, nos mais diversos domínios, rastros de uma lógica parasitária que não cessa de atormentar a inteligência homeostática. Ainda na década de 1920, a engenharia da comunicação descrevia a seu próprio modo a transdução, pois empregava o transdutor como dispositivo que convertia energia de uma natureza em energia de outra natureza. Sensor e agente de conversão energética, o transdutor explica uma imensa variedade de operações conversivas – sinal elétrico convertido em vibrações mecânicas, ondas térmicas convertidas em ondas sonoras, pressão do ar convertida em sinal elétrico etc. –, não custando lembrar que *energia* quer dizer *atividade*, *operação*; a transdução nomearia, nesse sentido físico, uma conversão transoperacional. No final dos anos 1970, a teoria das estruturas dissipativas, de Ilya Prigogine, pareceria implicar a transdução em uma redefinição do sentido do tempo, que passava a supor atos irreversíveis de comunicação entre o acaso e a ordem periódica. Observando comunicações entre meios moleculares, a genética dos anos 1950 ajudaria a conceber a transdução, afinal, como um acoplamento transcodificante: diante da irreversibilidade da propagação viral, a ciência chama de transdutivo o vírus que dispersa DNA estrangeiro em uma célula hospedeira.

Alguma literatura de exílio naqueles dias talvez fizesse sentir interiormente a experiência transdutiva, como a intimidade de um inacabamento, de um estranhamento de si. De livro em livro, Witold Gombrowicz vai investigando o seu duplo enquanto um visitante, hóspede homônimo cujas expectativas de simetria e de equação totalizante não cessam de ser sobressaltadas pela contingência. Witold esbarra em sussurros, ciscos e pequenos relevos como em enigmas perfeitamente insuportáveis:

> Eu esperava tudo, menos uma chaleira. É preciso compreender o significado da expressão "a gota d'água". Quando demais é demasiado. Existe uma dose de realidade, cujo excesso ultrapassa os limites do suportável. Depois de tantos objetos que eu já nem saberia enumerar: agulhas, sapos, pardal, graveto, varal, pena, casca, cartolina, etc. etc., chaminé, rolha, risco, calha, mão, bolinhas, etc. etc., torrões, malha, arame, cama, seixos, palito, galinha, verrugas, baías, ilhas, agulha e assim por diante, por diante e por diante, *ad nauseum...* agora me aparece uma chaleira, como que saída de uma caixa de surpresas, gratuitamente, sem nenhuma ligação com o resto, como o luxo da desordem, o esplendor do caos. Basta. Fiquei engasgado. Não consigo engolir isso. Desisto. Acabou. Voltar. Voltar para casa (Gombrowicz, 2007, p. 73).

Eis um tipo que espera tudo, *menos* o que acontece. Witold contabiliza paralelismos, isola e correlaciona regiões anatômicas, descobre em rima as curvas de um lábio, de um cotovelo, de uma flexão de sobrancelha, enquanto um desconcerto de verborragias concorre à mesa de jantar da família que o hospeda. Desconfia de uma ordem cósmica, de um equilíbrio necessário, e jamais lhe ocorre apaziguar tensões subsumindo particulares a uma classe geral: cada signo volta a se amplificar feito abalo sísmico perpetuamente renovado. Cria hipóteses, redes de ressonância analógica; nem bem uma hipótese o satisfez, novo encontro o inquieta, arrastando as conexões que se iam colecionando e que se veem outra vez em crise. Incapaz de abreviar dissonâncias, empenhado em trabalho de decifração, Witold coleta embriões de legibilidade que não cessam de crescer, e o leitor não sabe se frequenta a obra ou se a obra o frequenta, como um hóspede tensionado, habitante da iminência metaestável em que uma ideia está ainda por vir, em que um universo está ainda por se constelar.

*

A transdução nomeia, até aqui, a analogia transoperacional, a conversibilidade energética, as propagações virais, as transcodificações. Os casos relatados por Stern fizeram crer que a transdução, se não cega ao contexto, adentrava sem cessar um contexto novo, o que a linguagem exprimia em uma série de dêiticos. A depreciação de Piaget parecia oriunda de um desejo de recalcar a passagem do tempo em proveito de uma lógica equilibrada, mortificada, genérica; talvez conviesse, ainda assim, reformular a questão piagetiana – como a transdução chegaria a constituir um plano de consistência? Como pôde Simondon "derivar consequências reflexivas" (ILFI, p. 126) de um alastramento sem fim, de uma reiteração deslembrada? De onde a transdução extrairia forças para assumir uma disparidade interna, se ela só faz proceder de próximo em próximo?

Em 1962, Simondon descreve a transdução como uma propagação que se perpetua alimentando-se de sua própria atividade:

> Com efeito, a amplificação transdutiva é essencialmente positiva: não supõe isolamento nem limite; é o modelo da operação positiva, que se alimenta de si mesma e se propaga mediante o resultado instantâneo de seu próprio exercício: afirma-se enquanto causa perpetuamente sua capacidade de avançar; é autoposição, não é autolimitada (API, p. 159).

A relação transdutiva é aquela entre germe e meio – para que se propague e se perpetue, a transdução requer um meio material rico em potenciais por atualizar, o que Simondon por vezes chama de "receptor". Já se vê que a ideia de receptor não é aquela de um sujeito formado, e os contornos figurais ainda não se conhecem a esse nível de comunicação, que encontra apenas meios afetando e alastrando-se noutros meios. É enquanto recruta potenciais de um meio supersaturado que um germe cristalino se expande, cada camada estruturada rascunhando a camada vizinha, e esta a próxima, de modo que um motivo microscópico vá se estirando sem fim. Capturando os potenciais da água em que imergiu, o germe cresce no limite de si, como se o seu centro ativo se encontrasse, a cada vez, em superfície: "o limite do cristal está virtualmente em cada ponto, e ele pode, realmente, aparecer em cada qual por uma clivagem. As palavras interioridade e exterioridade não podem, com seu sentido habitual, ser aplicadas a essa realidade que é o cristal" (ILFI, p. 130).

Não é a comunicação que aí se reduz à física; é o fenômeno mineral que supõe uma teoria da relação[45] avessa tanto ao relativismo quanto à hierarquia por gêneros e espécies, que seriam como as duas faces de um mesmo equívoco; caberia mesmo afirmar uma transdutividade *absoluta*, sem a qual "a noção de gênero reapareceria, com toda a latente obscuridade que ela traz consigo. Uma noção não pode ser forjada para dar conta de um fenômeno relativo" (ILFI, p. 153). Mas, em vez de encaminhar ainda outra ciência aplicada, a transdução permitiria *"pluralizar a lógica"* (ILFI, p. 34), viabilizando uma "intuição" (ILFI, p. 31) capaz de alcançar o ser antes de toda lógica, ou seja, uma lógica diretamente maquínica, em vez de indireta ou representativa. Por que não bastariam a dedução, a indução e a dialética? Em que sentido esses métodos remeteriam a uma ciência das estruturas, e não das operações? Como a transdução mede distância com procedimentos consagrados de pesquisa?

Na sua crítica ao pensamento dialético, Simondon lembra que a filosofia helena não dispunha ainda da noção de metaestabilidade, com a qual teria dispensado a oposição entre equilíbrio e desequilíbrio, arti-

---

[45] "Como essa epistemologia da relação só pode ser exposta ao se supor definido o ser individual, era-nos impossível indicá-la antes dela ser utilizada; é por essa razão que começamos o estudo por um paradigma emprestado da física: é a seguir, somente, que *derivamos* consequências reflexivas a partir desse ponto de partida. Este método pode parecer bem primitivo: ele é, com efeito, semelhante ao dos 'fisiólogos' iônicos; mas ele se apresenta, aqui, como postulado, pois visa fundar uma epistemologia que seria anterior a toda lógica" (ILFI, p. 126).

culadora da depreciação que Piaget investe contra o pensamento trans-dutivo. Não custa ver que, atormentada pela argumentação ilegítima das crianças, a psicologia do desenvolvimento reencena o dilema de Platão, que precisa escolher entre gênese estática e degradação, entre modelo e cópia, já que o devir é "concebido como movimento, e o movimento, como imperfeição" (ILFI, p. 124).

Se a dialética prepara uma vingança perversa contra o movimento, é que, em vez de eliminá-lo como uma imperfeição acidental, ela o aco-moda ao papel de negatividade interna. O movimento vira movimento do negativo, o desequilíbrio vira contradição, o encontro vira oposição, e o problema vira conflito de participantes, a serem julgados pelo quanto se aproximam a uma síntese logicamente superior aos termos em jogo. O regime dialético faz fortuna com o negativo: o conflito de opiniões contrárias deve se integrar a uma síntese, que devém a tese de uma tríade mais elevada, e assim por diante. Agora bem, a afirmação do metaestável prescindiria dessa elevação de planos sucessivos quando menos por expe-rimentar, antes de toda oposição, um afrontamento movente de afetos: "a afetividade é a única função capaz, graças a seu aspecto relacional, de dar um sentido à negatividade" (ILFI, p. 237). É somente do ponto de vista da ação que um problema aparece como conflito; em si mesmo, a zona do problemático experimenta um recobrimento movente, um acavalamento de movimentos sem direção privilegiada. Séries díspares não se opõem do ponto de vista de uma gênese divergente perpetuada, que substitui a síntese dialética por uma "relação sintética complementar", descoberta de ressonância entre os termos comunicantes.

As insuficiências da dedução e da indução se explicam pelo privilé-gio conferido a um dos termos comunicantes. Tomados isoladamente, os métodos dedutivo e indutivo supõem uma ontologia identitária e abordam problemas, cada qual, a partir de um extremo: enquanto a dedução apela a uma premissa maior capaz de resolver, de cima para baixo, os proble-mas dos domínios aos quais ela se aplica, a indução elimina o singular e desperdiça informação para reter somente propriedades comuns a uma coleção de particulares – sem considerar, aliás, com que direito ela supõe encontrar semelhanças entre diferentes. Se a transdução não procede por dedução, é porque ela exprime potenciais a cada vez *envolvidos* em um meio problemático; e, se ela não procede por indução, é que, sem perda ou degradação, ela afirma singularidades como *encetantes* de uma entrada em comunicação entre séries disparatadas. Diego Viana (2018, p. 33) chama atenção para o caráter ternário do procedimento simondoniano, que experimenta a forma como efeito residual de uma relação em ato, e não como uma identidade prévia, idealmente imune ao método:

> [...] a dedução é um processo que toma como ponto de partida a possibilidade de decompor um objeto em partes discretas, enquanto a indução acrescenta elementos a cadeias argumentativas sem, com isso, provocar modificações estruturais no próprio objeto. Uma vez, porém, que o pensamento se movimente de um modo tal que as relações e as formas estão em plano semelhante, o caráter ternário dos valores de verdade é posto, dado que as identidades são efeito da própria relação e o valor de verdade de cada termo e da própria relação estão intrinsecamente vinculados.

Não é que a transdução dispense os raciocínios indutivo e dedutivo; a transdução permite, muito antes, *acoplar* hipóteses indutivas e dedutivas, que tendem a competir como mutuamente excludentes. Os espectros da cor e das ondas de rádio entrariam em comunicação após um considerável esforço dedutivo de Maxwell culminar na sugestão de um acoplamento transdutivo entre as séries da luz visível e do eletromagnetismo; as ondas aí permaneciam desiguais na frequência, mas, pela frequência, construíam vizinhança ordenada; nem idênticos nem separáveis, o visível e o invisível comunicariam a ponto de haver mesmo, entre eles, uma zona de indiscernibilidade.

É dizer que as descrições de uma onda e de um corpo não mais se opõem, e será possível afirmar, de uma mesma coisa, os aspectos simultâneos de onda *e* de partícula. Uma noção obtida por dedução, outra obtida por indução, onda e partícula se acoplam não por força de uma síntese dialética, mas pela afirmação de um *encontro epistemológico* (comunicação transdutiva) com que a luz implica uma assimetria e adquire um novo sentido. Definido como a *singularidade de uma onda*, o indivíduo físico se surpreende como a face aparente de um acoplamento internamente problemático; cada corporeidade descontínua, parcial e localizada supõe a ativação de um campo contínuo, indivisível e ilimitado. Já não há qualidade distintiva que, irradiada no espaço, não suponha a ativação de uma potência do contínuo: "A extensão e a compreensão igualmente se recobrem, pois o enunciado dos limites da extensão emprega os caráteres mesmos da definição por compreensão" (ILFI, p. 148).

*

A rigor, não restam domínios separados de conhecimento, mas *pistas, bandas, espectros* de frequência. As categorizações por subsunção e síntese lógica dão lugar a um pensamento topológico: não é que a luz visível e as ondas de rádio convivam como duas espécies do gênero, hierarquicamente superior, das ondas eletromagnéticas; são os diferenciais de um campo contínuo que se atualizam e se repartem em faixas contíguas de frequência, doravante qualificáveis, segundo exigências de interesse prático: distinguem-se as ondas de rádio, os infravermelhos, o espectro visível, os ultravioletas, os raios X e os raios γ: "O conhecimento da unidade e da diversidade desse fenômeno tão largamente alastrado numa escala numérica é um dos mais belos sucessos desse método transdutivo, que é o fundamento do progresso da física" (ILFI, p. 152).

A descoberta científica suscita em Simondon a concepção de uma materialidade movente que, considerada em si mesma, não possui qualidades nem limites; a descontinuidade fenomênica, em toda a sua variedade qualitativa e pluralidade específica, será de ordem prática, desde já relativa a um referente tátil, a um centramento perceptivo:

> [...] é somente em razão de usos vitais ou técnicos que descontinuidades, limites de pseudoespécies, podem ser introduzidas; pode-se falar do vermelho e do violeta, pode--se até mesmo falar de luz visível; mas é porque foi então introduzida a consideração de um ser vivo que percebe (ILFI, p. 163).

Um fenômeno é movimento recortado, e a série transdutiva talvez lembre, assim, a mônada de Leibniz, que ilumina uma pequena região do universo nela compreendido por inteiro, mesmo que obscura e confusamente. Mas, enquanto Leibniz invocava Deus para assegurar a convergência das perspectivas em um universo compossível consigo mesmo, o ser simondoniano subsiste como recobrimento problemático, e cada perspectiva será uma descoberta de solução, constitutiva de uma série transdutiva polarizada e qualificada; contraída uma perspectiva até o seu centro culminante, obtém-se não um sujeito, nem um objeto, mas um *preferendum* intensivo:

> A ordem transdutiva é aquela segundo a qual um *escalonamento qualitativo* ou *intensivo* se alastra de uma parte à

outra a partir de um centro onde culmina o ser qualitativo ou intensivo [...]; [assim,] o verde-amarelo, para a espécie humana, é o centro a partir do qual a qualidade cromática se desdobra para o vermelho e para o violeta (ILFI, p. 474).

Agora, esse "conteúdo" intensivo não permanece constante, como deixaria ver um exame dos condicionamentos perceptivos em diferentes sociedades e épocas; nem mesmo o corpúsculo físico possui qualquer interioridade substancial, dizendo-se, a cada vez, da sua relação com o fora:

> [...] se a operação permanecesse distinta da estrutura, que seria seu suporte imodificável, o substancialismo da partícula poderia tentar dar conta das trocas de energia por uma modificação do nexo mútuo das partículas, deixando imodificado os caráteres próprios de cada partícula. Porém, como toda modificação da *relação* de uma partícula às outras é também uma modificação de seus caráteres internos, não existe *interioridade substancial* da partícula (ILFI, p. 181-182).

O que o pensamento transdutivo reivindica, portanto, é menos um suporte físico do que uma materialidade pré-física, profundamente operatória e rica em germes de pensamento: "Por transdução, entendemos uma operação – física, biológica, mental, social – pela qual uma atividade se propaga de próximo em próximo no interior de um domínio" (ILFI, p. 29). Perguntávamos como essa atividade chegaria a constituir um plano de consistência, para mais que um alastramento irrefletido, uma reiteração instantânea, eternamente esquecida de si; a resposta simondoniana será afirmar uma transdutividade *absoluta* que, em seu nível mais distendido, inscreve nos díspares uma reciprocidade na passagem, viabilizando uma disparidade *durável*, comunicação ativa do passado ao porvir:

> Para que a dimensão de presença exista, é preciso não apenas que vários indivíduos estejam reunidos: também é preciso que essa reunião esteja inscrita na dimensionalidade própria deles, e que neles o presente e o porvir sejam correlativos das dimensões de outros seres pelo intermédio dessa unidade do presente; o presente é aquilo em que há significação, aquilo pelo qual se cria certa ressonância do passado ao porvir e do porvir ao passado: a troca de informação de um ser a outro passa pelo presente; cada ser devém recíproco relativamente a si mesmo na medida em que ele devém recíproco relativamente aos outros (ILFI, p. 327).

A transdução desautoriza, assim, o conhecimento por gêneros e espécies, as políticas de reconhecimento, os exercícios de comparação e, de resto, a linguagem representativa, que simula separar a coisa descrita e a atividade descritiva, a cena narrada e a atividade narrativa. É enquanto operação real que a transdução não entra em disputa por uma representação verídica do real. Um método transdutivo entrega não tanto um conhecimento quanto uma aprendizagem, não tanto um discurso sobre o outro quanto uma apreensão do outro em si:

> [...] não podemos, no sentido habitual do termo, *conhecer a individuação*; podemos somente individuar, individuar-nos e individuar em nós; portanto, essa apreensão, à margem do conhecimento propriamente dito, é uma analogia entre duas operações, o que é um certo modo de comunicação (ILFI, p. 35).

Estará em tempo de ver que, se a transdução descreve relações entre germe e meio, o seu sentido expansivo conta apenas um dos seus aspectos. Com efeito, que outro movimento se lançaria a "contrair" a série transdutiva até o seu centro culminante? O que Simondon chama de "relação sintética complementar" deve descrever um movimento duplo, como um verso e um reverso assimétricos; a transdução se diz irreversível enquanto exprime um movimento primeiro, expansivo, que vai do germe ao meio.

5.2 Modulação, demodulação e indiscernibilidade

Uma ideia que não cessasse de se autoposicionar, sem conhecer limite intrínseco, seria um germe transdutivo, apto a se espraiar sobre um meio, fazendo-o transitar da saturação de potenciais para uma atividade perpetuada. Agora bem, o impulso transdutivo não apenas constrói estrutura; uma floresta talvez esteja suscetível de propagar um germe de fogo; em situação de inquietude e tensão interna, um grupo social amplifica de bom grado um germe polarizante, constituindo um meio fértil para a propagação do boato. É supercondutora, é superfluida a transdução.

Mas um meio receptor não amplifica qualquer coisa a qualquer hora; ele comporta tendências, implica uma seletividade: há frequências que um olho não vê, vibrações que um ouvido não capta. Caberia perguntar como, quando, ante quais condições um germe de forma se alastra, se o incidente comunicativo precisa negociar com sistemas habituados a atualizar certos fluxos, a experimentar certas tensões:

> [...] para que os sinais ganhem um sentido num sistema, é preciso que não aportem algo de inteiramente novo; um conjunto de sinais só é significativo sobre um fundo que quase coincida com ele; se os sinais recobrem exatamente a realidade local, não são mais informação, mas apenas iteração exterior de uma realidade interior; se diferem dessa realidade em demasia, não são mais apreendidos como tendo um sentido, não são mais significativos, não sendo integráveis. Os sinais devem encontrar, para serem recebidos, *formas prévias* relativamente às quais eles são *significativos*; a significação é relacional (ILFI, p. 333).

Não haveria comunicação que não implicasse alguma margem de *deformação* sistêmica; diferença demasiada, porém, e um incidente já se vê imastigável, não-integrável, sem sentido. A perspectiva formal forja para si, assim, a imagem do encontro insuportável, imagem da diferença que, tanto mais porque "inteiramente nova", não faria diferença. Assombrado pelo inassimilável, o meio receptor pareceria submeter os movimentos transdutivos às exigências de uma reforma de interiores. [46]

*

Em 1962, no Colóquio de Royaumont, Simondon distingue três fases da amplificação do acontecimento comunicativo, dentre as quais apenas a primeira se diz transdutiva. Acrescida à transdução, a *modulação*, de sentido *complementar e inverso*, permite controlar ou "governar o devir de uma população perpetuamente nova de elementos microfísicos determinados muito perto da origem de seu percurso livre" (API, p. 171). Importa retermos a ideia de uma distância variável entre o modulador e a origem do movimento, que habilitará concebermos, como dois extremos, a modulação, *próxima* ao percurso livre de elementos inorgânicos, e o código binário, estrutura *distante* do movimento, para uma modelagem tendente à forma orgânica.

A modulação não será um tipo de molde, senão o inverso – um molde é que oferece fotografias pretensamente definitivas da atividade de modulação: "Moldar é modular de maneira definitiva; modular é moldar de maneira contínua e perpetuamente variável" (ILFI, p. 52).

---

[46] Exigência análoga encontra-se também em Edgar Morin (1977, p. 320): "a redundância indica-nos que *o novo só pode inscrever-se no já conhecido e no já organizado*; senão o novo não chega a ser novo e regressa à desordem".

Embora possa jogar com valores de tudo ou nada, o modulador permite produzir efeitos infinitamente matizados, enquanto oscila entre "uma infinidade de valores compreendidos entre um máximo e um mínimo, entre a saturação e o corte" (API, p. 165). A modulação é regime contínuo de *subtração intensiva*, regime esse tão sutil e tão grosseiro quanto se queira; o modulador vai da saturação ao corte – em um extremo, ele se preenche inteiramente de dinamismos imprevisíveis; no outro, ele trabalha por aplicação de moldes imodificáveis. De um extremo a outro, porém, a modulação permanece fronteiriça, prolífica em signos de tatilidade; seu correlato técnico é o relé, e a sua versão arquitetônica, a porta. Em fase de modulação, Simondon recorre com frequência ao sentido do *toque*, a exemplo do leme do navio e da folha que, introduzida mansamente na máquina fotocopiadora, desencadeia o acionamento de uma lâmpada de alto consumo energético. Um modulador não precisa despender muito trabalho para controlar grandes impulsos para o porvir, e bastam mesmo *toques* sutis para que ele dosifique fluxos de grande intensidade.

Não seria impondo a replicação de um código que a modulação ajudaria a explicar a relativa previsibilidade do fenômeno comunicativo; administrando efeitos de flutuações aleatórias, o controle plástico é mais eficaz do que a lei explícita. Terá passado o tempo da distinção bergsonista entre sociedades fechadas e sociedades abertas, se a modulação já descreve regimes sociais em variação contínua, viabilizadores de um "pensamento analógico" estranho aos consensos comunitários e às codificações bivalentes:

> Uma sociedade cujo sentido se perde porque sua ação é impossível devém comunidade e, consequentemente, se fecha, elabora estereótipos; uma sociedade é uma comunidade em expansão, enquanto uma comunidade é uma sociedade que deveio estática; as comunidades utilizam um pensamento que procede por inclusões e exclusões, gêneros e espécies; uma sociedade utiliza um pensamento analógico, no verdadeiro sentido do termo, e não conhece apenas dois valores, mas uma infinidade contínua de graus de valores[...] (NC, p. 516-517).

Submetendo os fluxos a um hábito seletivo constantemente renovado, o modulador supõe um retorno do passado sobre o presente: "Esta estrutura é um controle do regime atual de ação da energia potencial sobre uma carga em função de seu passado" (API, p. 169). O dispositivo técnico será somente uma das máscaras da modulação, reconhecida também pela instituição do hábito, embora irredutível tanto ao programa autorregulatório quanto ao ritual. A comparação tradicional da ordem social ao organismo assume aí um novo sentido, pois não é mais o *socius* que se assemelha à autorregulação do corpo orgânico – a membrana viva é que revela uma sobreposição de camadas moduladoras, ou todo um maquinismo coletivo aqui e ali encarnado, aqui e ali incorporado. Tudo se passa, então, como se um meio antigo não parasse de *reagir* à ação de forças ativas sempre novas, se a percepção já remonta à contração de um hábito seletivo, se a produção de sentido já se acha condicionada próxima à zona do seu percurso livre.

*

Uma comunicação maquínica implica dois sentidos inversos e concomitantes: alastramento molecular de forças transdutivas e captura molar das forças em regimes de modulação. Em um sentido, é a modulação que controla o impulso expansivo; noutro sentido, porém, são os germes que vão ao limite de si e que saturam, tanto quanto podem, um meio receptor, a ponto mesmo de liberarem a mão da sua sujeição costumeira aos ditames do olho.

Não se trata de escolher entre transdução e modulação; trata-se de medir distância relativamente a uma exterioridade inorgânica cujas forças correm irrefreadas, sem leito nem foz, prontas para curto-circuitar um polo catódico a um polo anódico, uma agitação quente a uma frieza atratora. Pode ser que um meio receptor se deixe saturar inteiramente por flutuações aleatórias, a ponto de não distinguir mais qualquer figura, como uma tela de Pollock; e pode ser que, repelindo para longe as variações, um meio receptor devolva tão somente a abstração geométrica dos clichês inscritos, prescritos na sua forma.

Com efeito, as técnicas de feedback aprenderão a simular a plasticidade da membrana moduladora, permitindo uma reconfiguração permanente de critérios seletivos. Entre os interditos disciplinares e os *loops* do capitalismo algorítmico, o ordenamento social terá passado, ao longo do século XX, por uma mutação epistêmica capaz de dispensar as hierarquias por gênero-espécie, doravante substituídas pela programação neguentrópica. Os dispositivos de poder já não precisam confinar o movimento; incentivam mesmo o movimento, para melhor controlá-lo.

Deleuze (1990, p. 220) invoca o simondonismo ao diagnosticar essa mutação global, com a qual os dispositivos encarcerantes dão lugar à modulação em espaço aberto: "Os confinamentos são *moldes*, distintas moldagens, mas os controles são uma *modulação*, como uma moldagem autodeformante que mudasse continuamente, a cada instante, ou como uma peneira cujas malhas mudassem de um ponto a outro".

Profundamente implicado nessa transição de regimes, Simondon toma a modulação como noção-chave para uma arqueologia do pensamento: a filosofia não deixará de pensar, a cada tempo, alguma máquina sociotécnica de subtração intensiva. Sugerindo que a cópia sensível degrada o modelo ideal, o platonismo fornece um testemunho das técnicas de modulação, ainda grosseiras, do mundo antigo; no teatro de sombras, os fluxos de luz, aspirantes à tela receptora, colidiam em figuras moduladoras, dispostas a meio do caminho: "essa degradação é histórica e não essencial; no tempo de Platão, as técnicas empregadas para modular e amplificar implicavam uma enorme perda de informação" (PM, p. 194).

Se a modulação controla as flutuações aleatórias do impulso transdutivo, resta ver que tipo de operação permitiria fazer, como que a contrapelo, uma arqueologia dos esquemas moduladores.

*

A modulação é sintética, ou sincrética – ela condensa tensão e estrutura, força e forma. Talvez ela possa servir de base para um método, mas a sua eficácia é involuntária, e já o corpo orgânico modula flutuações potencialmente destrutivas, acomoda os fluxos a um corte estruturante, reenquadra o acaso segundo uma forma-sinal. O que a experiência encontra, de saída, não são percursos elementares livres, mas realidades mistas, resultados sintéticos, *atos* integrando estrutura e operação. Para uma operação analítica, que voltaria a distinguir as estruturas moduladoras, "reencontradas no estado de sinal puro" (ALG, p. 571), Simondon sugere um procedimento de *demodulação*. Convivem no pensamento simondoniano, pois, não apenas os fluxos e os cortes sintéticos, mas também uma atividade analítica de *recorte*. Considerados em conjunto, esses movimentos definem o escopo da *alagmática*, "vertente operatória da teoria científica" (ALG, p. 562).

Enquanto se faz por acúmulo de pontos de vista relativos e sem questionar as suas fronteiras, a interdisciplinaridade não é melhor do que uma disciplina só. A alagmática indaga as passagens de uma estrutura a outra, o que implica experimentar um entremeio indisciplinado, cujo traço distintivo pareceria ser o hífen: "Obteríamos assim a alagmática físico-química, a alagmática psicofisiológica, a alagmática mecânico--termodinâmica" (ALG, p. 559). Poder-se-ia acrescentar – alagmática audiovisual, alagmática televisiva, alagmática óptico-tátil, alagmática lectovisual... Seja como for, a alagmática não encontraria a sua necessidade, tivesse interesse meramente associativo; ela descreve incidências dinâmicas entre termos assimétricos, inassimiláveis entre si. Daí não reconhecermos em todo filme uma máquina audiovisual, se a montagem cinematográfica, de regra, faz da imagem sonora um componente ou uma dependência da imagem visual. A sincronização das trilhas nomeia, com frequência, a subordinação de uma à outra, caso em que o audiovisual ainda não se desenvolveu ou já está em decadência.

Para mais, Simondon acautela a alagmática contra classificações prévias, tomadas como princípios de pesquisa; convém que a teoria das operações encaminhe análises casuísticas e suscite o surgimento de novos termos, como de novos acoplamentos. Não será uma ciência fácil – um dinamismo não se entrega a olhos vistos, e um diferencial operatório não tanto existe quanto *subsiste*, recoberto por seus resultados. Daí que uma ciência das operações custe tanto a surgir – ela só descobre a sua necessidade quando os saberes estruturais *sentem de dentro os seus próprios limites*, ou seja, quando dinamismos internos saturam os termos que estabilizavam uma estrutura; nesse limiar de metaestabilidade, a estrutura se encontra na iminência de mudar.

O que faz a alagmática é percorrer enquantos, zonas de iminência, hífens de determinação recíproca. Simondon estima que uma linguagem analógica saberá descrever reciprocidades maquínicas, desde que observada uma ontologia que concebe os seres *pelo que fazem*, em vez de classificá-los como partícipes de uma estruturalidade comum:

> O método analógico é válido se ele incide sobre um mundo onde os seres são definidos por suas operações e não por suas estruturas, por aquilo que fazem e não pelo que são: se um ser é o que ele faz, se ele não é independente do que ele *faz*, o método analógico pode ser aplicado sem reservas (ALG, p. 567).

Sob essas condições, a analogia não mais funciona por transporte de similitude, não mais estabelece nexos de identidade, não mais procede por metáfora; ela descobre ou institui afinidades maquínicas. A sua linguagem não enfatiza o adjetivo, que manifesta qualidades encarnadas, nem o substantivo, que designa indivíduos prontos; a alagmática descreve a preparação, o drama interno de um ato nascente: "Esse andamento consiste em *seguir o ser em sua gênese*, cumprir a gênese do pensamento ao mesmo tempo que se cumpre a gênese do objeto" (ILFI, p. 31).

Vislumbra-se, bem entendido, uma teoria da leitura que dispensa a preexistência do significado estável. Porque já não se aplica *sobre* objetos, o trabalho analítico pode, a cada vez, apresentar-se como primeiro, isto é, como *contemporâneo ao aparecimento do objeto*. Ali onde se quantifique a fidelidade de cópias moventes relativamente a uma forma original, será o nascimento, em ato, de uma máquina platônica. A alagmática experimenta uma radical impropriedade das máquinas comunicantes.

*

Posso traçar duas retas e contemplar o seu paralelismo, estrutura visível de um ato que *supõe* a operação de traçar. Mas como volto a distinguir as vertentes divergentes que meu ato terá condensado? Não tenho saída senão recorrer à experiência interior daquele ato:

> [...] o geômetra também poderia prestar atenção ao aspecto de operação do seu ato, isto é, ao gesto pelo qual ele traça, sem se preocupar com aquilo que ele está traçando. O gesto de traçar possui seu esquematismo próprio. [...] aquele gesto procede, com efeito, de uma volição que é ela mesma um certo gesto mental (ALG, p. 560).

Não menos do que a modulação, a demodulação só pode ser experimentada *em si*. Ela exige, a um só tempo, atenção ao movimento e despreocupação com os resultados parciais do movimento. A modulação já era um corte, mas um corte sintético, preparação de um ato; a demodulação é uma atenção que *recorta* o ato e distingue as suas faces inconciliáveis.

Daí ela também se chame *detecção* – a demodulação distingue o que a modulação fusiona, a exemplo mesmo de uma topologia resultante no espaço (estruturalidade discernível, ela mesma, em interiores e exteriores, sensação e movimento) e uma operação intervalar, de natureza temporal, sem semelhança com os seus produtos. Simondon só invoca a ideia de *esquematismo*, segundo os termos da crítica kantiana, para aludir a um drama puramente *duracional*. A esse nível, é como se a análise reencontrasse prefigurações sem figura, ou figuras sem função, intensidades sem qualidade ou forma sensível, puros potenciais de diferir.

Se a modulação descreve um corte, para a captação dos devires em um sintetizador, a demodulação corre em recorte, para traçar os limiares de afasia do modulador, para um mapeamento das margens intensivas do signo. Chegar em cada caso a um campo de copresença intensiva não seria à toa, não seria por nada – seria fazer linha com diferenciais livres, isto é, com um nível produtivo da comunicação. É que um esquema, em vez de designar um modelo imitável, atualiza um nexo transoperatório que difere de si, enquanto passa de um meio a outro, de uma estrutura a outra: "A transferência de operação é validada por uma identidade de nexos operatórios reais" (ALG, p. 564). É também aí que a operação analisada já não se vê imune à operação analítica; a demodulação não é menos ativa do que a modulação. Ao mesmo tempo, a análise descritiva já não precisa se contentar com uma aproximação interminável; ela já não procede por acúmulo indefinido de pontos de vista exteriores ao objeto. Se há uma reversibilidade simondoniana, ela é a reivindicação de uma coincidência, de uma contemporaneidade maquínica entre fluxo, corte e recorte. A atriz aí já não imita, já não representa; ela encarna um outro, ela vira o duplo de um outro, em pessoa.

5.3 Traços de resistência

Na tese de Simondon sobre a tecnicidade, é como se um corpo liso não parasse de se dividir em faces incompatíveis; em esforço arqueológico, o filósofo arrisca, ali, uma análise a contrapelo: uma unidade mítica se fendia, de origem, entre um fundo de forças invisíveis (face cósmica subjetiva) e a ferramenta técnica (face figural objetiva). Enquanto o primeiro sujeito nascia como divindade universalizante, o primeiro objeto inaugurava a função do móvel desprendido, reprodutível, extraído de um fundo de qualidades: "O pensamento técnico retém apenas o esquematismo das estruturas, daquilo que faz a eficácia da ação sobre os pontos singulares" (MEOT, p. 169).

O hiato entre sacralidade e técnica tendia a se distender e se complexificar: em um novo estágio de defasagem, um plano de consistência só se constituiria pela comunicação resolutiva entre o pensamento ético e o pensamento científico. Fase a fase, a comunicação volta a se achar impensada, recoberta por dualismos os mais diversos; fase a fase, as faces divergentes voltam a exigir novas modalidades de acoplamento entre forças profundas e efeitos de superfície – teoria e prática, realismo e nominalismo, sincronia e diacronia. No mundo moderno, apenas uma transversal estética talvez permitisse, ainda, percorrer o intervalo entre os incompatíveis. A sacralidade desejaria ainda compreender a vida em um fundo monológico, um Todo; a técnica desejaria ainda fragmentar a vida em funções práticas, para a manipulação eficaz da matéria; se alguma vida quisesse ainda frequentar a zona supersaturada do problemático, na qual sujeito e objeto se acham perigosamente embaralhados, restaria ativar um pensamento estético, capaz de alcançar, em cada canto, o *"ponto singular de uma infinidade aberta de relações"* (NC, p. 512). Essencialmente impróprio, o pensamento estético atravessa diferentes domínios[47] para estabelecer reciprocidades transdutivas:

> [...] não é a estabilidade de um modo que comunica com a estabilidade de um outro, mas a excelência com a exce-lência, a intenção estética com a intenção estética. Pode-ríamos dizer, retomando a palavra *transdutividade*, que a arte estabelece a transdutividade dos diferentes modos uns relativamente aos outros (MEOT, p. 199).

Uma vez que o tempo tenha se dissociado em figura e fundo, resta-nos o acontecimento estético[48] como reativação de uma continuidade "mágica", feita tão somente de limiares, cumes, pontos excepcionais: "Esses lugares e esses momentos detêm, concentram e exprimem as forças contidas no fundo de realidade que os suporta" (MEOT, p. 164). As linhas de um pen-samento estético, no entanto, não se abrem ao natural; parecem mesmo exigir um movimento *contra* a natureza, se ainda colamos a natureza ao seu sentido usual, como tendência do retorno do Mesmo. Já era resistência

---

[47] Na nota complementar sobre as consequências da noção de individuação, Simondon escreve que o conceito de *valor* institui uma complementaridade ilimitada entre os seres, entre cujas expressões estaria o eterno retorno, "que Nietzsche reencontrou como um mito essencial nos Pré-socráticos e que ele integrou ao seu panteísmo" (NC, p. 508).

[48] Entre as vantagens da ideia de tecnoestética, desenvolvida tardiamente por Simondon, talvez esteja o destaque ao caráter acontecimental da máquina expressiva: não menos que ao esquema de execução previsto em partitura, a tecnoestética chama atenção para as vibrações que acoplam a instrumentista ao instrumento, para as máquinas posturais, em suma, para a obra de arte enquanto hecceidade. Essa resistência à absorção por uma ordem geral ajudaria a explicar, segundo Ludovic Duhem (2009), o ofuscamento da técnica pelas estéticas de Kant, Hegel e Heidegger.

o que sugeria a tese principal de Simondon, na qual o pensamento só se desatava ao organismo quando um encontro excepcional impunha uma desadaptação do corpo, quando uma crise lançava o corpo em situação de desautomatização afetiva; entre o automatismo e o ato livre, não era a organização que se despedia dos afetos do corpo, senão o inverso:

> [...] como um coeficiente formal superior que condiciona o valor funcional de um indivíduo na comunidade, a *estabilidade afetiva* devém o critério fundamental que permite a permanente integração do indivíduo ao grupo. Essa garantia de continuidade é também uma garantia de automatismo social. Essa estabilidade é o correlativo da capacidade de adaptação a uma comunidade. Ora, essas qualidades de adaptação direta por assimilação e de estabilidade emocional definem o autômato perfeito (NC, p. 531).

Enquanto serve para reconhecer e identificar, a percepção encontra rastros dos clichês que a modulam, e não deve surpreender que a inteligência se incline, com frequência, à figuração de contornos geométricos. Esquemas imagéticos e ideias gerais se imiscuem na percepção, facultando o reconhecimento e a identificação.

Um mundo perceptivo (*Merkwelt*) é composto não por objetos, mas por sinais, ou marcas; a estabilização eventual de um objeto terá sido a solução de uma problemática vital, e o que uma vida percebe, de saída, não são ainda objetos, mas alianças e ameaças, presas e predadores. De costume, a percepção se prolonga em ação, e o *Merkwelt* se espelha, então, em um mundo de valores instrumentais (*Wirkwelt*), sendo a esse sistema sensório-motor (*Merkwelt-Wirkwelt*) que a biossemiótica de Jakob von Uexküll (2010) consagra, afinal, a célebre noção de *Umwelt*, que define o vivente como uma ambiência de percepções-funções.

Mas o biólogo estoniano experimenta uma natureza profundamente musical. O acoplamento indivíduo-meio seria um nexo contrapontístico, e os sistemas vivos iriam repletos de duetos: a teia não captura a mosca sem que a aranha entretenha, em si, uma melodia de mosca; o animal aquático, por sua vez, seria figura melódica desatando-se contra o fundo orquestral do mar: "a regra de sentido que conecta ponto [o mar] e contraponto [um polvo] é aqui provida pelo nadar" (Uexküll, 2010, p. 174). A conexão entre ponto e contraponto seria garantida, portanto, por uma "regra de sentido", regra essa que o biólogo descreve como uma operação mutuamente conversiva: mediante a operação de *ver*, tanto o olho devém solar quanto o sol devém ótico. Em vez de se excetuar aos duetos vitais, a técnica definiria um âmbito privilegiado de estudo, se é que um corpo, quando se assenta, faz contraponto com a cadeira, cujos pés compõem com o chão.

Em *Mil Platôs*, Deleuze e Guattari releem a tese de von Uexküll à luz do conceito de transdução; em vez de submeter a percepção a um código, como a um princípio de isomorfismo, a comunicação transdutiva submete o código a um plano de variações rítmicas. O código será efeito de uma dissipação ecológica de germes de ritmo; em estado perpétuo de transdução, o código não instaura um regime de repetição periódica sem que a repetição entre em variação transcodificante:

> Cada meio é codificado, definindo-se um código pela repetição periódica; mas cada código é um estado perpétuo de transcodificação ou de transdução. [...] A transcodificação ou transdução é a maneira pela qual um meio serve de base para um outro ou, ao contrário, se estabelece sobre um outro, se dissipa ou se constitui no outro. [...] [Os meios são] essencialmente comunicantes (Deleuze; Guattari, 1997, p. 125).

É mobilizando proficuamente o pensamento simondoniano que Deleuze e Guattari concebem o acontecimento expressivo do *ritornelo*. O ritornelo será uma pequena canção, um refrão com o qual enfrentamos o caos e instituímos um território, um chão; mas o ritornelo não faz território sem, desde já, enganchar os territórios em um processo de desterritorialização cósmica. Decerto que, quando um animal se converte em animal de território, um meio exterior se converte em zona de domínio, e um meio interior se converte em domicílio, ou abrigo; mas o decisivo é que, nessa passagem conversiva, a transdução terá saltado aquém das funções orgânicas para surpreender-se *expressiva*. O animal de território se distingue, assim, como um meio transdutivo que começa a experimentar uma precedência da expressão, em relação às funções de conservação orgânica. Com efeito, em vez de explicar a territorialização, a propriedade é o resíduo deixado por atos primeiramente estéticos – a conversão de um meio interior em domicílio supõe um ato musical-arquitetônico, se o ritmo aí devém refrão, e se é com um refrão na cabeça que construímos uma casa.

Não apenas os meios interiores tiram do ritornelo um proveito expressivo. Quando uma vida desvia da finalidade de replicar um código intraespecífico, também a seleção de materiais exteriores começa a indiciar assinaturas de domínios, motivos qualitativos, estilos. As forças do meio exterior irrompem com um singular ganho de liberdade, *ao lado* do organismo, já que o território se fez à margem, *defasado* em relação ao código. É em rastro descodificante que o animal de território ultrapassa a função orgânica, catando matérias de expressão como *operadores* ou *conversores* de agenciamento: trazendo um galhinho no bico para oferecer, o pássaro canoro converte um agenciamento de território em agenciamento de galanteio.

Importante não é tanto que o animal de território tenha aprendido a descodificar, pois já a transdução viral percorria as margens de descodificação do código genético; o importante é que a transdução, quanto mais proceda a uma saturação das qualidades materiais, mais dispensa a hierarquia hilemórfica: "Não se trata mais de impor uma forma a uma matéria, mas de elaborar um material cada vez mais rico, cada vez mais consistente, apto a partir daí a captar forças cada vez mais intensas" (Deleuze; Guattari, 1997, p. 149). Essa captação de intensidades é que caracteriza o *maquinismo* de uma composição, seus materiais aí surpreendidos como molecularidades investidas de um ímpeto cósmico.

Mais cedo, chegou a parecer que a comunicação se detinha no relativo, contente em concorrer para uma reforma de interiores: relativamente às formas contidas em um meio receptor, um sinal não devia discrepar em demasia, ao menos se quisesse fazer sentido, se quisesse se integrar a um funcionamento orientado. Mas o ponto de vista da forma era um ponto de vista retroativo; considerada em si mesma, a comunicação jamais obedece a um determinismo convergente, como se diminuísse progressivamente a discrepância entre um resultado obtido e uma forma desejada. Por suas causas imperceptíveis, a comunicação é supersaturação de singularidades não integradas; por seus monumentos localizados, ela é uma fulguração brusca:

> [...] sucessivos saltos bruscos, que podem ser nomeados *conversões*, marcam os momentos em que, tendo a quantidade de informações não integradas devindo muito grande, o ser unifica-se mudando de estrutura interna para adotar uma nova estrutura que integra a informação acumulada (NC, p. 529).

Transdução e modulação descrevem movimentos inversos e concomitantes, e o ato inventivo decorre menos de uma escolha entre fluxo

GILBERT SIMONDON & A COMUNICAÇÃO MAQUÍNICA

ou corte do que de uma acentuação da tendência transdutiva, a exemplo de como Simondon lê o ato anticolonial: "a chegada à independência dos povos colonizados apresenta essa passagem da modulação à transdução" (API, p. 175). O proveito dessa tese para as sintomatologias do capitalismo, empreendidas explicitamente por continuadores de Simondon, encontra-se nele esparsamente anunciada, mas suficientemente descrita – o ato livre irrompe como o resultado de um processo de saturação intensiva. Considerados os três níveis da comunicação expostos no curso dos anos 1970, distinguem-se não apenas os revezamentos de tendências entre transdução e modulação, mas também três níveis de modulação, responsivos a problemas de sensação (síntese qualitativa), de percepção (síntese territorializante) e de concepção (síntese divergente). Em cada respectivo nível, cabe à atividade de demodulação, enquanto recorte analítico, alcançar e descrever as singularidades não integradas, as linhas de força a cada vez envelopadas em um ato sintético. O surgimento de novos modos de sentir, de perceber e de pensar remete à supersaturação dos limiares de afasia em um dado domínio, ali onde uma comunicação tão apenas se prepara – insensível, imperceptível, assignificante.

5.3.1 Sismografias de mão afásica: da tábua de semelhanças às flutuações do infinitivo

Simondon acha intercessores na biossemiótica, nomeia significativo o porvir capaz de alterar o presente, remete a invenção simbólica ao ponto culminante de um ciclo imagético e sugere uma educação diagramática – mas raramente questiona, de maneira explícita, a ordem discursiva. O signo lhe toca como um problema antes comunicacional do que linguístico; o signo é a resolução virtual de uma disparidade sinalética: na visão estereoscópica, duas imagens bidimensionais compatibilizam-se em profundidade.[49]

À busca chomskyana por uma estrutura comum das línguas, Simondon opõe uma atenção à singularidade dos meios materiais: quando considera o som significante, lembra de toda uma maquinaria auditiva capaz de suprimir ecos e afinar-se para uma escuta decomponível, analisável; esse perspectivismo materialista implica a linguagem verbal em um

---

[49] "[A] produção de sentido é apenas o modo como o sujeito prolonga, no nível da individuação coletiva, um processo de troca informativa que já estava presente no nível biológico e, ainda antes, na própria matéria" (Bardin, 2015, p. 85).

plano mais vasto de comunicação, em vez de reduzi-la a um conjunto de regras de uso. O objeto primeiro da comunicação serão as passagens, as conversões transdutivas entre sistemas que experimentam, não menos do que estruturações, movimentos críticos de supersaturação. Arrastado por tais movimentos, um método de demodulação alcançaria os diferenciais operacionais de um dado bloco sincrético.

Encontramos afinidades entre esse método e os processos de saturação material do regime significante que marcaram o século XX, a exemplo das experiências do concretismo brasileiro, viabilizador de um plano de transcriação. Décio Pignatari (2010) será pela desmontagem da ordem simbólica, em proveito de potenciais icônicos. Em *Semiótica e literatura*, ele conta como algum "rabisco sem intenção alfabética" teria incomodado a crítica machadiana ao lançamento de *Memórias póstumas de Brás Cubas*, obra cuja pecha de disforme o semioticista vincula ao emprego do ideograma como procedimento de iconização. A obra implica jogos caligráficos e alguma dispersão de sinais não alfabéticos, em um acento humorístico alusivo a Laurence Sterne, escritor irlandês que, ainda meados do século XVIII, intercalava a narrativa com ilustrações sismográficas, em uma paródia das variações intensivas da prosa literária.

No que concerne à poesia do século XX, atribui-se a Mallarmé o despertar para as margens pré-significantes do traço, que assistem, na leitura de Décio, a uma luta de classes entre devires oriental-icônicos e capturas ocidental-simbólicas. Um tal confronto geossemiótico traduzirá as disputas entre o inconsciente e o consciente, o corpo e o espírito, a espontaneidade e a hierarquia: "A arte, ou melhor, o ícone, é aquele riso rabelaisiano da praça pública que desierarquiza todas as formas, atraindo-as para os baixos corporais da linguagem" (Pignatari, 2010, p. 191). O concretismo brasileiro vai ao ícone como à *physis* anárquica da qual o símbolo toma as suas forças produtivas. Antes ainda de qualquer ato teórico explícito, uma coleção de estudos reunindo Mallarmé, e. e. cummings e Maiakovski bastaria para sugerir a iminência de uma ideia: aqui e ali, a unidade significante havia sido invadida por espaços vazios e distribuições superficiais de manchas tipográficas.

A composição concretista não deixava de reterritorializar-se, ainda assim, mediante nexos de isomorfismo. Desde Roman Jakobson (2001), a comunicação terá distinguido as suas regras de uso – um eixo metafórico de similaridades respondia a problemas de seleção e substituição, enquanto um eixo metonímico de contiguidades respondia a problemas de combinação e hierarquização contextual. Confiando ao eixo metafórico a anarquia poética e a produtividade icônico-analógica, a poesia concreta se mostra entusiasta do trocadilho (paronomásia) e da homofonia. Com efeito, Jakobson (2001, p. 152) entende que a unidade significante se assenta em uma homofonia generalizada: "a pertinência do nexo som-significado é um simples corolário da superposição da similaridade sobre a contigüidade". A iconicidade oferece testemunho, pois, tanto de uma força anárquica quanto das condições de funcionamento do sistema significante, como se uma tábua de semelhanças reassentasse a incompatibilidade em um mundo perfeitamente traduzível. Em que uma transdutividade absoluta, reivindicada por Simondon, se distancia de uma semelhança analógica generalizada? Deve a transdução, que vai "de próximo em próximo", identificar-se ao eixo metonímico dos deslocamentos, encadeamentos e contiguidades?

*

Jakobson (2001, p. 57) invoca certas escritas metonímicas que "esmagam o leitor" sob uma multiplicidade de pormenores; em pintura, ele detecta a metonímia na arte cubista, que "transforma o objeto numa série de sinédoques"; também chama de metonímica a montagem cinematográfica em Griffith; em matéria de encantamentos, cita trabalho clássico de James Frazer, que distingue a simpatia imitativa, fundada em regras de similaridade, e a magia por contágio, que opera por nexos de contiguidade.

Para uma comunicação pensada desde um ser *sem fases*, é notável que as notas de Jakobson constem de estudo sobre as afasias, ali distribuídas, nos termos do linguista, entre distúrbios de similaridade e distúrbios de contiguidade. No distúrbio de similaridade, a comunicação, incapaz de metáfora, decairia em uma linguagem *literal*, perfeitamente desavisada do "caráter metafísico" das palavras. Restando, porém, intacta a capacidade metonímica, o eixo substitutivo acharia jeito de recorrer a vizinhanças contextuais para trocar, por exemplo, "fumaça" por "cachimbo", "comer" por "torradeira".

Mais violentos seriam os distúrbios de contiguidade, que atestariam uma deficiência de contextura: a comunicação então descamba em agramatismo, perde-se das regras sintáticas, amontoa palavras anarquicamente: "os vínculos de coordenação e subordinação gramatical, quer de concordância, quer de regências, dissolvem-se" (Jakobson, 2001, p. 50). Enquanto a hierarquia sintática desmorona, vão desaparecendo as conjunções, as preposições, os pronomes, a regência e a concordância; as flexões verbais tendem ao infinitivo, e o falante logo estanca em um estilo telegráfico cujo agravamento o reduz a uma frase, uma palavra, um fonema: "o paciente recai nas fases iniciais do desenvolvimento linguístico da criança ou mesmo no estágio pré-linguístico – é então a afasia universal, a perda total do poder de utilizar ou de apreender a fala" (Jakobson, 2001, p. 53).

O estudo de Jakobson sugere que a contextura metonímica compensa parcialmente a perda das comparações por semelhança; mas, uma vez comprometida a contiguidade, as semelhanças perdem chão, restando uma linha estreita entre o verbo no infinitivo e a emissão repetitiva de traços assignificantes. Não que esse resíduo repetitivo dê indício da "autossimilaridade" generalizada da topologia fractal; a comunicação involui não até a autossimilaridade, mas até o autoposicionamento de singularidades, ou de imagens sem semelhança. Um fonema agramatical não mais conserva a individualidade distintiva de fonema – individua acontecimento intensivo em um nível de realidade pré-formal. Ainda antes de se verem integradas a uma rede de semelhanças, as singularidades preenchem um plano de repetição sem semelhança.

Enquanto infinitivo afásico, *comunicar* não pertence nem à contemplação sincrônica, nem ao encadeamento diacrônico; subtraído à contextura espaço-temporal, o infinitivo passa entre as coisas, como entre o caos e o sentido. Nos termos da linguística de Jakobson, o hiato talvez guardasse as condições para um curto-circuito entre o encontro fático e a maquinação poética.

A função fática diz respeito ao canal, ou aos meios materiais comunicantes. Dentre as funções comunicativas identificadas por Jakobson, a função fática seria a primeira que as crianças aprendem e a única que o homem partilha com os animais. Acentue-se a função fática, e a comunicação dirá um pendor para o contato, para um chamado que aciona as capacidades expressivas do meio, que sonda uma responsividade possível. Em fase fática, a comunicação se experimentaria como um bilhete engarrafado que se lança ao mar, sem saber a que se destina. Mas nem mesmo aí a comunicação seria um caminho só de ida; envolveria, quando menos, a espera vaga de ser hospedada e repercutida, vez que alcance, no meio que a hospede, o direito de comunicar; a emissão fática já implica o outro, como o horizonte que virá lhe conferir sentido, como a espera de um recomeço.

Não deve surpreender que Paolo Virno (2005) mobilize Simondon *contra* uma abordagem comunicativa aos problemas de linguagem. O filósofo italiano aponta com razão que, aquém de toda função semântica, a emissão sonora tão somente atualiza a capacidade corporal de emitir sons; seria dispensando a comunicação que a linguagem acionaria os sons para emergir, como em suas manifestações mais puras, no rito sacrificial, na ecolalia e na fabulação: "As opiniões expressadas às vezes alardeiam abertamente sua própria volatilidade e sua falta de fundamento; antes que textos dotados de peso específico, são *pretextos* cujo único fim é chamar atenção sobre o ato de proferir" (Virno, 2005, p. 65). Não precisamos julgar o mérito dessa finalidade pretextual para entrevermos o seu desejo comunicacional: um texto que espere chamar atenção é um texto que supõe um receptor futuro. Ocorre que, na simulação individuante de Virno, nomeada "performativo absoluto", as potências do corpo genérico concorrem para o sujeito solitário que diz "eu falo". Virno reconhece que o performativo absoluto está em risco de redundância, e a sua tese parece, com efeito, acenar para uma clínica do sujeito que, tendo tocado a zona de indiscernibilidade entre eu e outrem, ergue um regime de identificação para prevenir que multipliquem os duplos, os espelhos, os bonecos de vodu. Na zona das multiplicações maquínicas, o infinitivo impessoal do "falar" não apenas desconhece o sujeito falante, como também torna indiscerníveis o dentro e o fora – "eu" torna-se a duplicação de um outro.

*

As técnicas de inscrição teriam começado antes pela modulação de frequências do que pela representação figurativa: "os mais antigos grafismos conhecidos são expressão nua de valores rítmicos" (Leroi-Gourhan, 1964, p. 270). Segundo a paleoantropologia, teria sido preciso esperar pelo aparecimento tardio do alfabeto para que as emissões vocais se acoplassem a um rosto expressivo; antes disso, o acoplamento se coordenava musicalmente, na tentativa primitiva de ordenar o tempo: respondendo "à ritmicidade caótica do mundo natural", o traço começava "pictoideográfico" (Leroi-Gourhan, 1987, p. 124). O primeiro traço seria traço de um ritornelo que arranca ao caos a possibilidade de um mundo.

Tanto mais por sua eventual distinção tipográfica e fonemática, será provável que o traço acabe capturado pelo que Louis Hjelmslev (1975) chamou de função semiótica, delimitação de uma unidade significante pela pressuposição recíproca entre um plano de expressão e um plano de conteúdo: "é em virtude da função semiótica, e apenas em virtude dela, que existem esses seus dois funtivos que se pode agora designar com precisão como sendo a forma do conteúdo e a forma da expressão" (Hjelmslev, 1975, p. 61). Se o analogismo concretista satura as premissas isomórficas do signo, a álgebra exaustiva surpreende figuras pré-sígnicas que ali trabalham sob uma finalidade pressuposta:

> As línguas não poderiam ser descritas como simples sistemas de signos. A finalidade que lhes atribuímos por suposição faz delas, antes de mais nada, sistemas de signos; mas, conforme sua estrutura interna, elas são sobretudo algo de diferente: sistemas de figuras que podem servir para formar signos (Hjelmslev, 1975, p. 52).

Essas figuras elementares, que Hjelmslev também chama de não--signos, ou partes de signos, subsistem como as singularidades que a estrutura significante vem capturar. Terá sido preciso um método dito exaustivo, uma supersaturação da finalidade em Hjelmslev, para que a função semiótica se visse subordinando a copresença sinalética a uma necessidade post-facto. Aqui, como em Simondon, a saturação da forma aristotélica rompe em uma ecologia de traços moleculares, e Hjelmslev então descobre forças despossuídas, figuras ociosas à margem de toda função sistêmica.

Com frequência, reconheceu-se a expressão do ser sem fala no primitivismo do rabisco infantil. Examinando o conceito de traço, Derrida (2005) encontra Sócrates pregando uma filosofia que ensinaria as crianças a falar; a falação seria um "contraveneno" ante uma escritura (ou *pharmakon*) repreendida como parasitária, bastarda, órfã:

> Esse significante escasso, esse discurso sem grande responsável é como todos os espectros: errante. Ele vaga (*kulindei-tai*) aqui e ali como alguém que não sabe aonde vai, tendo perdido a via reta, a boa direção, a regra de retidão, a norma; mas, também, como alguém que perdeu seus direitos, como um fora-da-lei, um desviado, um mau rapaz, um vagabundo ou um aventureiro. Correndo as ruas, ele não sabe nem mesmo quem ele é, qual é sua identidade, se é que tem uma,

e um nome, aquele de seu pai. Ele repete a mesma coisa quando é interrogado em todos os cantos de rua, mas não sabe mais repetir sua origem. Não saber de onde se vem e para onde se vai, para um discurso sem responsável, é não saber falar, é o estado de infância (Derrida, 2005, p. 96).

A criança órfã, esquecida de sua origem, como de todo princípio ou fim, seria a personagem do traço livre, segundo a desconstrução derridiana. Já o profeta de Nietzsche relaciona o ato livre de rabiscar aos signos da loucura e da tolice, sugerindo que uma mão dionisíaca ali escapa dos ajuizamentos óticos de Apolo: "Minha mão – é a mão de um louco: e aí todas as mesas e paredes têm espaço para o louco fazer esboços, para o louco rabiscar!" (Nietzsche, 2012, p. 189).

Julia Kristeva (1968) traduz a anarquia dos traços em termos de uma gestualidade que escapa à razão logocêntrica, fundada no primado do discurso verbal e na fixação do sentido. Kristeva opõe a singularidade do gesto, precisamente, à comunicação, ali entendida em sentido usual, como regime de troca encobrindo a produtividade da linguagem. O gesto remete a um tempo de produtividade sem produção, tempo de uma preparação impessoal, estranha ao indivíduo:

> O gesto é o próprio exemplo de uma produção incessante de morte. No seu campo, o indivíduo não pode se constituir – o gesto é um modo *impessoal*, já que é um modo de produtividade sem produção. [...] ele é uma possibilidade constante de aberração, de incoerência, de arrancamento, e logo de criação de outros textos semióticos. Daí que um estudo da gestualidade como produção seja uma preparação para o estudo de todas as práticas subversivas e "desviatórias" em uma dada sociedade (Kristeva, 1968, p. 54).

Considerando o gesto de traçar, Roland Barthes (1971) estima que a "escrita ilegível" da poetisa argentina Mirtha Dermisache tenha margeado a "essência da linguagem".[50] Em ensaio sobre os blocos de riscos de Cy Twombly, o semioclasta sobrepõe, à linha de morte destacada por Kristeva, um aspecto germinal de gesto *suplementar*, esboço ocioso subtraído à identidade que a forma significante desejaria impor:

> [...] ao mostrar seu nascimento (o que foi, outrora, o sentido do *esboço*), as formas (pelo menos as de TW) já não cantam

---

[50] Michaux e Dermisache têm sido listados entre os vanguardistas da "escrita assêmica" (*asemic writing*), que Michael Jacobson (2013) faz remontar a Zhang Xu, calígrafo e poeta chinês do século 8º.

as maravilhas da criação, nem as mornas esterilidades da repetição; dir-se-ia que lhes cabe unir, em um único estado, aquilo que aparece e aquilo que desaparece; [...] nem Eros, nem Tanato, mas Vida-Morte, com um único gesto, um único pensamento. [A arte de TW] une, com um traço inimitável, a inscrição e o apagar, a infância e a cultura, a deriva e a invenção (Barthes, 1990, p. 150).

Cy Twombly leva à tela resquícios de revogação, destraçamentos vivos, soterramentos aparentes, atos tão apagados quanto resistentes ao apagamento. O gesto deixa garranchos inquietos, tendo sido capaz de limpar as finalidades da tela até mostrar tão somente "a soma indeterminada e inesgotável das razões, das pulsões, das preguiças que envolvem o ato em uma *atmosfera*" (Barthes, 1990, p. 146). É em ultrapassagem intensiva da unidade significante, das formas que garantiriam ao ato um sentido provável, que o rabisco ocioso adquire atmosfera própria. A tela então implica a ociosidade atmosférica de um ato, e os traços nela, então, respiram.

*

Entre 1956 e 1959, Henri Michaux (1899-1984) publica três livros estudando os efeitos da mescalina sobre a mão que rabisca.[51] Os experimentos se realizavam no âmbito de uma investigação poética voltada a expressar os micromovimentos que preparam um gesto – sem ainda desaguarem no gesto propriamente dito. São páginas repletadas de uma agitação convulsa de traços relâmpagos, sismográficos, vagueando na margem indecidível entre a escrita alfabética e a figuração. Saturado de traços chineses e de forças vegetais, Michaux vai desmontando a caligrafia significante até liberar uma usina de grafos que, devolvidos à situação do analfabetismo, abrem rasura incansável antes de arranjarem-se na forma reconhecível da letra, do corpo, do rosto: "As letras terminavam em fumaça ou desapareciam em ziguezagues" (Michaux, 2002, p. 6).

Nos anos 1920, Michaux virava as costas para a moda surrealista e embarcava em navios rumo à América do Sul. Naqueles dias, sua poesia já se inclinava para a ressonância mimética, a onomatopeia, a encantação anafórica, e não demoraria até que sua mão reivindicasse um analfabe-

---

[51] Sobre o "retorno" de Michaux ao infantil e ao primitivo, consulte-se Nina Parish (2007, p. 195-204).

tismo, desgrenhando-se no desejo de "representar o gesto, partindo do interior, o desencadeamento, o rasgo, a irrupção colérica dessa intensa, súbita, ardente concentração da qual vai se originar o ato, não o ato chegado à destinação" (Michaux, 1979, p. 963).

Enquanto a pesquisa das gagueiras sonoras explodia em etnografias imaginárias de povos como os émanglons, os aravis, os ouglabs, os halaïas e os meidomems, a pesquisa gráfica ia revelando populações de pequenas monstruosidades, e os sismografos de Michaux não raro evocavam uma anatomia humana contorcida em bailes posturais dispersos em fundo branco, prestes a sugerirem ideogramas tortuosos.

Dos encontros com a mescalina, retornam marcas de uma passagem pelo caos. Michaux relata, de início, ter sido acometido por hipóteses de ação que se apresentavam e sumiam em incrível velocidade e sem qualquer precedência umas sobre as outras[52]; súbito, Michaux vira uma pedra que se fratura e se refaz incessantemente: "Neste fluxo minha vida avança. Fraturada em mil fraturas, através desse riacho. Adquiri prolongamento contínuo no tempo" (Michaux, 2002, p. 13). O menor germe de ideia se amplifica sem limites, preenchendo todo o espaço; a hipótese de uma girafa lhe faz contemplar, a perder de vista, girafas agigantadas, em um diagrama movente mil vezes repetido antes do surgimento de uma nova hipótese; neste plano de germinação e multiplicação, nenhum pensamento se repetia menos de cem vezes, e o mais banal germe repetitivo cobria o terreno inteiro, como se individuação e desindividuação corressem uma mesma linha; como em um salto de abstração, Michaux assumiria a perspectiva de uma linha desprovida de panorama ou paisagem, experimentando o sair de si como única e implacável recorrência: então concebe, em pessoa, o puro acontecimento de *sair*.

Compreensível que Michaux (1998) jamais tenha lido coisa alguma nos testes psiquiátricos de Rorschach, que lhe caíam como tarefas odiosas. À subordinação dos traços a clichês de semelhança, Michaux opõe um microtonalismo assignificante, com o qual a escritura resistiria ao equilíbrio formal denunciado, uma geração antes, por Paul Klee (1964, p. 60): "Deve-se conceber [a forma] como gênese, como movimento. O seu ser é o devir, e a forma como aparência não é senão uma aparição maligna, um fantasma perigoso".

---

[52] "Define-se o caos menos por sua desordem que pela velocidade infinita com a qual se dissipa toda forma que nele se esboça" (Deleuze; Guattari, 1992, p. 153).

O poeta mexicano Octavio Paz (2002), apresentando os relatos da mescalina, sugere que Michaux busca *impossibilitar* a comunicação; os traços trêmulos, perdidos de todo significado, trariam notícias da fusão entre sujeito e objeto, dentro e fora, inteligível e sensível, aí onde colapsariam as condições de comunicar: "Todos os seus esforços foram direcionados a atingir aquela zona, por definição indescritível e incomunicável, em que os significados desaparecem" (Paz, 2002, p. viii). Desde a zona do incomunicável, Michaux, no entanto, comunica. Decerto que, junto às premissas isomórficas da estrutura significante, desaparecem também as esperanças de compartilhamento de significados, a comparabilidade, a narratividade, a expectativa de se deixar inscrever por uma lei; o que resta é um corte do caos, um plano superpovoado por tribos moleculares, por puros germes de forma. O maquinismo da comunicação pode aí estipular os seus componentes: dois meios díspares (terra e graveto, tela e pincel, papel e carvão) e uma mão desadaptada que passe entre eles, conectando-os. No caso Michaux, a mão se desadapta enquanto capta afetos, e o traço vai rompendo a articulação grafismo-fonação até desencavar uma multidão molecular subjacente à estrutura significante. O começo de um mundo, em Michaux, não é meramente possível; o seu plano resiste à dissipação, inventa mesmo uma consistência própria à evasão, uma velocidade própria à comunicação – zigue-zague imediato entre germinar e repetir, começar e recomeçar.

5.3.2 Resistência e reversibilidade em Straub-Huillet

Se é certo que muito já foi dito acerca do cinema de Danièle Huillet e Jean-Marie Straub (2016), não é menos certo que aquele cinema inventa a sua novidade mediante uma confrontação incansável com textos fartamente comentados. E ocorre ao texto passado encontrar ali uma sobriedade artística que, capaz de perpetuar-se à margem da indústria do audiovisual, começa mesmo a se adivinhar desde a sua maneira de selecionar intercessores textuais, se é que a obra de Huillet e Straub desdobra afinidade profunda com uma escrita da resistência. Essa maneira de selecionar vai inseparável, ainda, de uma maneira de ler o texto passado: quando reivindica Bach, por exemplo, o cinema já não resiste a um wagnerismo arraigado, instituinte de um regime de montagem identificatório, integralista, idólatra?[53] E não seria bem uma exigência bachiana, captar-se em som direto, com a distribuição orquestral e os instrumentos disponíveis nas igrejas germânicas do século XVIII, nos locais precisos onde as composições primeiro se executaram, para uma música irredutível à função fílmica de consciência onividente, totalizante, truque de pós-produção?

O primeiro longa-metragem de Huillet e Straub experimenta revezar a execução de composições bachianas e uma leitura desafetada dos relatos de Anna Magdalena Bach sobre as dificuldades concretas enfrentadas por sua família: o adoecimento e a morte de um filho, os pequenos exercícios de poder de autoridades religiosas locais, as mudanças forçadas de endereço. Em uma inusitada coalescência minoritária, *Crônica de Anna Magdalena Bach* (1968) avizinha diversos séculos de campesinato, condensados na música de Bach, e uma prosódia que, evocativa do *rap*, traz notícias do que não se vê. Não se trata de imitar o acontecimento passado, como de disputar um conhecimento externo sobre o que teria sido. Para uma imagem do tempo e uma historiografia criadora, Straub costuma referir Walter Benjamin (2005, p. 65), que sugere saltar ao passado para "apoderar-se de uma lembrança tal como ela lampeja num instante de perigo", ali onde se trava uma luta viva entre resistir e obedecer.

Dois anos após lançado o seu primeiro longa, Huillet e Straub já sobrepõem um fundo urbanizado e um primeiro plano preenchido por ruínas e trajes da Roma Antiga, para uma adaptação do *Othon*, de Corneille. Jamais tratarão o passado como um presente antigo; a cada vez, é qualquer coisa soterrada que volta a se soerguer em atmosfera, copresente a uma cercania de prédios modernos, ao fluxo de automóveis, a ruídos de trânsito e de indústria. Com efeito, quando *Antígona* (1992) sobrepõe um texto do século IV a.C., a sua tradução por um poeta alemão do século XVII, a sua adaptação teatral na Suíça de 1948 e a sua filmagem na Itália de 1992, é bem o nosso tempo, o tempo presente de quem assiste ao filme, que se surpreende em questão. Eis o que todo um mercado da experiência imersiva busca esconjurar – que as variações de um meio atual façam circuito com o ensombrecer da imagem à passagem de uma nuvem, o

---

[53] Michel Chion (1997, p. 196) observa como o cinema terá prontamente encontrado, na ópera de Richard Wagner, um modelo para submeter a música a uma função ilustrativa e totalizante: "parece-nos que o drama wagneriano tende a aproximar-se de um modelo teatral e naturalista, no qual a música se converte, em grande medida, em algo *utilitário*. Esse modelo é o de uma conversação ou uma ação com música, nas quais esta última participa de uma ação concreta e linear, conduzindo-a ao terreno do geral e do mito, mais além do naturalismo, que é o seu ponto de partida. Trata-se, dito de outro modo, da mesma fórmula que utiliza o cinema".

súbito percurso de um lagarto em um plano até ali esvaziado, a irrupção da cantoria dos pássaros e dos rumores do vento: "[...] tensão, relaxamento, suspiros, olhares, movimento, movimentos de vento, mudanças na luz, borboletas, pássaros chiando, corvos grasnando, rajadas de vento... perto ou longe" (Huilet; Straub, 2016, p. 201). Longe de se confundir com o naturalismo literário de Zola, a afirmação de uma poética naturalista remete aí a uma escrita do Fora, resistente à intenção autoral e interessante por sua musicalidade:

> Estamos mais interessados no mundo exterior do que em nosso próprio umbigo. [...] O que tentamos explorar são coisas que estão fora de nós. Dirigimo-nos a textos que nos oferecem resistência. Tentamos testá-los; fazemos deles objetos audiovisuais, que consistem em movimentos, movimentos dentro de um quadro visual, movimentos de luz e som. Estamos mais interessados na música do que nas ideias. (Huillet; Straub, 2016, p. 206-207).

Talvez cheguemos em algum lugar, se pudermos reunir a paciência necessária para desdobrar, quando menos, dois pontos dessa breve citação: o interesse da música e a resistência do texto alheio. Se distinguimos aspectos que se apresentam misturados, que não cessam mesmo de se solicitar reciprocamente, tanto nos comentários dos cineastas quanto nos seus filmes, é que estratificação textual e acentuação musical se arranjam, em Straub-Huillet, como as faces dissimétricas de um acoplamento problemático. Estaremos diante de um cinema serialista, tal como o descreve Pedro Aspahan (2017), mas de um serialismo rigorosamente arqueológico, feito do afrontamento de séries díspares: o sonoro e o visual, a decolagem airada da música e o peso mudo da rocha, a multidão e o deserto.

O trecho de entrevista que copiamos acima encontra Straub tentando distinguir a sua prática artística daquela de Godard, ali aproximada a Adorno pelo viés ensaístico, como emanada das reflexões de um sujeito. Não cabe avaliarmos o mérito dessa comparação tão polêmica e, de resto, alusiva a um amigo, mas a retomaremos em tempo de considerar a leitura de Araújo (2013), para quem Huillet e Straub se interessam pelo ensaísmo *do outro*. De momento, retemos apenas aqueles aspectos cuja inseparabilidade começava a distinguir esse cinema: uma música que, ainda por vir, não cessa de afluir do texto passado, como da poesia, do teatro e da ópera (Hölderlin, Corneille, Brecht, Schoenberg, Mallarmé), mas também da prosa (Kafka, Pavese, Duras), do ensaio (Montaigne, Fortini) e, não menos, dos sotaques de atrizes e atores.

É como se todo material pré-musical passasse mesmo por um trabalho de acentuação musicalizante, para um gesto comunicativo que estará estranho tanto à situação interativa[54] quanto à situação reflexiva. Quando menos à primeira vista, não será ao nível dos problemas de sociabilidade que a comunicação pressentirá a originalidade de Huillet e Straub, cuja acentuação musical, não contente em fazer a voz fugir ao exercício interativo, também a desvia daquela função reflexiva, assumida de praxe pela música e pela narração em *off* absoluto, ali onde o som orbita o visível para simular os estados interiores de uma consciência onividente. A resistência se deve fazer interior, pois, ao acoplamento audiovisual, se o filme falado prevê, por hábito, uma conformação do som à dependência do visível.

Para um exemplo de voz pregada ao visível, tome-se a voz de Aarão, profeta da adoração de ícones, com quem a fala se reassenta em chão firme. Adaptação de uma ópera inacabada de Schoenberg, *Moisés e Aarão* (1975) contrasta o nomadismo de uma voz esquisita, incapaz de retórica, tão próxima do invisível quanto inábil para o convencimento do povo,[55] e uma voz eloquente e sedutora, que transforma a sua audiência em coral homofônico por força mesmo de representar uma série de transformações (como o cajado se transforma em serpente, e como a água do Nilo se transforma em sangue, a areia se transformará em fruta, a fruta em ouro, o ouro em êxtase, o êxtase em alma). A instauração de um poder pastoral, como a captura estatizante de um processo de libertação coletiva, remete aqui a um problema profundamente audiovisual: a voz exerce domínio enquanto se movimenta dentro do elemento da forma visível, para uma linguagem que só faz circular, de uma forma a outra, mediante nexos de semelhança estrutural.

Daí que Huillet e Straub jamais imponham um regime de transformações sobre as séries do visual ou do sonoro. As passagens de estado, em uma pista como na outra, se dão por variação intensiva – assim um ensombrecer, à passagem de uma nuvem, e uma acentuação fonética, quando um fluxo textual encontra a inflexão de um sotaque. Captar em som direto é, a cada vez, captar a imprevisibilidade de uma inflexão sin-

---

[54] Magistralmente desdobrado pelo primeiro cinema falado, um interacionismo da comunicação se dera a examinar não somente a propagação social de crenças, rumores e desejos, como também a redistribuição contínua de papéis subjetivos pelo incidente comunicativo, que só conhecia as verdades produzidas por seu jogo. Para algumas das obras que concebem e que mais distintamente desenvolvem um viés interacionista da comunicação, consultem-se Park (1984), Mead (1972) e Goffman (1956).

[55] Quando convocado por Deus a libertar o povo judeu, Moisés retorque que, embora possa pensar, não pode falar.

gular, donde os filmes do casal pareçam, por vezes, documentários sobre o acontecimento musical, como observa Aspahan (2017, p. 58): "Um som só pode existir num determinado espaço no modo como ele reverbera ali em função da própria matéria que o circunda e na relação com os demais sons do mundo com os quais ele se imbrica".

Ainda outra vez, as passagens e inflexões conservadas em filme tendem a entrar em coalescência reversível com as passagens imprevistas que vêm acometer o espaço de projeção, e não deve surpreender que *A Morte de Empédocles* (1987) se lance em três cortes que diferem por variações como a incidência de luz solar e a intensidade dos ventos, em um ataque declarado "contra a reprodutibilidade de uma obra de arte na era da reprodutibilidade técnica, mas – também – um ataque contra a unicidade de uma obra de arte" (Huillet; Straub, 2016, p. 202). É uma obra que, em termos de sobriedade e rigor composicional, está mesmo próxima do serialismo de Schoenberg, mas cujo sentido acontecimental guarda afinidade com o mais desgarrado discípulo do mestre austríaco, se os jogos de acaso de John Cage liberam a composição musical dos gostos e desgostos do compositor, em proveito de uma imanência do sonoro feita inteiramente de movimentos intensivos.[56] Recite-se, pois, o texto do outro, mas o outro já não desenha, em absoluto, a forma de uma pessoa.

*

Mateus Araujo (2014) entende detectar a presença de um veio ensaístico percorrendo o conjunto da obra de Huillet e Straub, mas eis que a forma do ensaio implica a indexação do discurso a um "eu" e uma pretensão argumentativa:

> [...] a forma mais canônica do ensaio no cinema costuma passar, de uma maneira ou de outra, pela mediação de uma subjetividade, de um eu que conduz o fluxo das imagens e dos sons (em geral heterogêneo), de uma voz que aparece enquanto tal (no mais das vezes em over) e leva a argumentação do filme para esta ou aquela direção[.] (Araujo, 2014, p. 114).

---

[56] "Desse modo, a noção de acaso vem configurar microvariações internas aos planos, como um regime de variações das intensidades sensíveis no plano, mas sem fazer variar a macroestrutura dos filmes, essa sim, extremamente controlada a partir da decupagem geométrica do espaço, do ponto estratégico e da relação com os atores." (Aspahan, 2017, p. 265).

Sem negligenciar que Huillet e Straub repudiam o objetivo egoico de manifestar os gostos e desgostos, as opiniões e os estados psicológicos de um sujeito autor, Araujo (2014) descreve algo como uma entrada em vertigem da forma ensaística, desde que a atenção criadora se volte, a cada vez, para o ensaísmo *do outro*. Restaria ver em que sentido obras como as de Hölderlin, Kafka ou Cézanne estariam suscetíveis de compreensão pela forma do ensaio, quando pareceria que elas não cessam de se esquivar a todos os procedimentos de remissão do ato artístico a uma primeira pessoa. Enquanto Montaigne (1987) adverte o leitor de que a matéria de seus *Ensaios* é "eu mesmo", os intercessores de Huillet e Straub frequentemente dedicam-se à tarefa de exprimir acontecimentos sem sujeito – em Cézanne, a pintura precisa remontar até uma pequena sensação de maçã, ou até a individuação de uma montanha como de um evento meteorológico (DORAN, 2021).

Quando Straub testa emprestar ao ensaísta um texto de partida, em *Um Conto de Michel de Montaigne* (2013), não é sem essa transposição radical que, inscrita no título do curta-metragem, rasura o gênero ensaístico em favor do conto. Mesmo que fosse forçoso traduzir os textos adaptados como manifestações subjetivas, não seriam ensaístas as vozes aí recitadas. É um cinema repleto de figuras que, a rigor, não entram em debate, não emitem opinião, não almejam convencer interlocutores. Moisés refuga o papel de porta-voz, apresentando-se a Deus, de saída, como um profeta que não sabe falar. Cézanne deseja virar uma placa sensível para a inscrição da natureza, o que lhe exige bem antes calar-se do que falar. As composições de Bach talvez envolvam gritos, recusas e reivindicações, mas não serão peças de opinião. O percurso tortuoso de Karl Rossmann, em *Relações de Classe* (1984), traça a linha de um homem sem direitos, que só por ingenuidade confia solucionar injustiças interagindo com seus algozes. Empédocles e Antígona morrem não por refletirem sobre a natureza e a justiça, mas por ousarem alçar suas vozes à plenitude do ato. É em ato pleno, desembargado de toda negociação, que o menino Ernesto, de *En Rachâchant* (1982), canta a decisão de não ir mais à escola; quando a conferência dos pais com o professor se mostra pelo que é – uma ameaça prevenindo contra irritar uma figura de autoridade –, Ernesto não custa a abandonar a cena, sem pedir permissão ou guardar solenidade: "Você não vai [se irritar] nada, acalme-se. Vou para casa". E, se é verdade que *Da Nuvem à Resistência* (1979) enfileira blocos de discussão entre interlocutores presentes, é que a sua primeira metade se passa no tempo da "Nuvem".

As vozes da resistência estarão inutilizáveis ou perdidas, em suma, para objetivos de retórica, dialética, discussão ou intercâmbio de opiniões. Quiséssemos tipificar uma máscara discursiva para as vozes fortes do cinema de Huillet e Straub, caber-lhes-ia talvez a máscara do parresiasta, que assume um risco vital ao falar francamente: "Para haver parresia, é preciso que, ao dizer a verdade, alguém abra, instaure e afronte o risco de ferir o outro, de irritá-lo, de enraivecê-lo e de suscitar, da sua parte, um certo número de condutas que podem ir até a violência extrema" (Foucault, 2009, p. 12). Não será ocasião de desdobrar as diversas modalidades do dizer a verdade, tal como o examina Foucault. No cinema de Huillet e Straub, a violência não costuma remeter, em qualquer caso, às consequências que *talvez* se abatam sobre quem arrisca dizer a verdade, o que já sugere uma adequação apenas parcial do conceito grego de parresia às suas personagens. Antes que alguém ouse dizer a verdade, uma violência de classe já organiza o espaço e o tempo, donde a fala resistente precise se erguer em ato livre, irredutível às particularidades da opinião ou do argumento para debate. Para mais, a fala resistente implica aqueles dois aspectos solidários, que começamos por destacar – uma arqueologia do texto alheio e um trabalho de recitação musicalizante. Atrizes e atores deformam línguas europeias com sotaques árabes e latino-americanos, enquanto se deixam arrastar por textos despossuídos, obscuros, eles próprios resistentes à interpretação: "[...] o que está sendo dito não está sequer claro para o ator, e que o que é dito tem muitos significados, e não o sentido que alguém gostaria de impor. O ator se tornou uma espécie de sonâmbulo" (Huillet; Straub, 2016, p. 206). Será preciso que retornemos à ideia de um sentido não-impositivo, diretamente relacionado ao que Dalila Camargo Martins (2022) constata ao nível da produção do espectador, mas já vemos que uma zona de indeterminação vai se abrindo desde a elaboração de um ator recitativo, que já não imita, que já não representa – ator que vira, em ato, o duplo de um outro. Até mesmo quando atores são postos a ler o que escreveram a próprio punho, como no caso notável de *Fortini/Cani* (1976), não é sem que o autor se surpreenda como o duplo de uma obra estrangeira, que o desfia para ultrapassá-lo, mas que o ultrapassa enquanto o perpetua:

> as indicações que Danièle e Jean-Marie me propunham, o texto se tornava estrangeiro aos meus olhos; minhas defesas estavam incrivelmente fracas, eu deixava ligações inesperadas alterarem a pontuação e a sintaxe. Eu

entendi que a operação fílmica, precisamente ao modificar aquilo que levava a minha assinatura, ao desfiar a fábrica dos meus pensamentos, superava-os e os conservava. (Fortini, 2013, p. 80).

Talvez seja esse o filme em que o casal mais claramente constitui um circuito reversível entre quem lê e quem é lido, a hora da escrita e a hora da leitura, o recitado e o recitante, o passado e o presente. O paradoxal é que, confiando a memória pessoal a uma memória do mundo, cedendo a própria voz a um murmúrio alheio, rompendo com as funções comunicativas que lhe assegurariam os direitos de uma "primeira pessoa", o corpo recitante chegue a recuperar a hora ativa da escrita:

> Escrever é quebrar o vínculo que une a palavra ao eu, quebrar a relação que, fazendo-me falar para "ti", dá-me a palavra no entendimento que essa palavra recebe de ti. Escrever é romper esse elo. É, além disso, retirar a palavra do curso do mundo, desinvesti-la do que faz dela um poder pelo qual, se eu falo, é o mundo que se fala, é o dia que se identifica pelo trabalho, a ação e o tempo. [...] O escritor pertence a uma linguagem que ninguém fala, que não se dirige a ninguém. (Blanchot, 2013, p. 17).

Os textos de Blanchot acerca da criação literária implicam ressonâncias com os problemas, inseparáveis em Huillet e Straub, da produção de espectatorialidade – prefigurando-se uma escrita que não se dirige, literalmente, a ninguém – e de uma enunciação da resistência – formulada como um desinvestimento da palavra daquilo que faria, dela, um poder. Em cinema, esse desinvestimento envolve a suspensão de encadeamentos de atuais e das associações de imagens, como das séries de transformações que vimos caracterizar o discurso iconófilo e sedentário de Aarão. Se o conceito de comunicação sobrevive ao recitativo, ele não passa, pois, inalterado. Em um texto intitulado, precisamente, *Comunicação*, Blanchot atribui à leitura a prerrogativa de ativar a tensão interna de uma obra, tensão que, feita de uma violenta recusa em comunicar, por si só tenderia, como a fala de Moisés, a "[...] errar sem fim, a perder-se na migração sem repouso" (Blanchot, 2011, p. 216). A leitura nada tem com uma busca externa pelo significado, nem com um diálogo entre consciências, constituindo o momento indispensável em que um texto se comunica: "A própria obra é comunicação, intimidade em luta [...] entre a decisão que é o ser do começo e a indecisão que é o ser do recomeço" (Blanchot, 2011, p. 215). O divórcio entre autoria e obra serve aí não para sacralizar o recolhimento da obra sobre si mesma, mas para abri-la e, nessa abertura que dá origem à leitura, torná-la despossuída. Já o processo de composição esboçaria a intimidade nascente de um leitor sempre futuro, donde a leitura retenha em si "tudo o que está em jogo na obra, e é por isso que ela carrega sozinha, no final, todo o peso da comunicação" (Blanchot, 2011, p. 222). Basta carregar essa zona futura com um conteúdo, diversamente esclarecido segundo as formas da cultura, o processo de gênese se interrompe, e "[...] o que era na obra comunicação da obra a si mesma, expansão da origem em começo, torna-se comunicação de qualquer coisa" (Blanchot, 2011, p. 222), assim a comunicação de uma informação, de uma ordem moral, de uma verdade.

No cinema de Huillet e Straub, vemos sucumbirem diversas distinções resguardadas pelo cinema dominante, a exemplo da distinção entre documentário e ficção, que prolonga as distinções, caras à filosofia clássica, entre o real e o imaginário, a natureza e o artifício, o verdadeiro e o falso. Mas os desencadeamentos e disjunções não deixam de sugerir novas conexões, e não é forçoso que uma erosão das fundações clássicas encaminhe o audiovisual para a bobagem ou a gratuidade. Haveria caso para dizer que a fala resistente aciona, lá onde a sufocam, uma capacidade de ficcionalização, tanto mais por comportar uma verdade própria ao recitativo. Mas, se é que já não representa estados de coisas ou de sujeitos, nem por isso a fala resistente se identifica à fala fictícia. O que as vozes recitantes não cessam de evocar, como algo de imperceptível na percepção, não é a imaginação ou fantasia, mas uma luta subterrânea. Essa disputa por uma verdade da percepção, inseparável da recusa de toda forma estável da verdade, ajuda a explicar o que Dalila Camargo Martins (2022, p. 16) sugere como a produção de uma espectatorialidade libertária:

> [...] há, no cinema huillet-straubiano, sobretudo, uma base sensória, ainda que ele também esteja propenso ao exercício dialético, só que não para sintetizar significados, mas para melhor perceber e modular a entropia dos sentidos, referentes ao sensível e ao conhecimento, em igual medida.

A autora entende que o primado do material vem aí provocar o afrontamento, em nível espectatorial, de um "limiar da percepção", ao mesmo tempo em que se rejeitará "impor um ponto de vista, qualquer que seja seu viés político, aos espectadores" (Martins, 2022, p. 15). Dir-se-ia que essa liberação da espectatorialidade implica um plano de nascimento da leitura, como de uma política da percepção, o que não deixa de liberar também atores e atrizes, desobrigadas de agradar ou desagradar uma audiência pressuposta, a ponto mesmo de, não raro, virarem as costas para a câmera. Em que sentido essa política da percepção solicitaria uma verdade do recitativo, como um falseamento da enunciação personalista? Por que seria preciso limpar as atuações de todo espontaneísmo, até restarem no espaço tão somente corpos semidormentes, recitantes de versos impróprios? Será preciso ver como Huillet e Straub extraem da catástrofe uma ética, uma renovada crença no mundo. Ainda não distinguimos a singularidade do seu gesto cinematográfico enquanto não consideramos de que falam as vozes da resistência, isto é, em que consiste aquele imperceptível na percepção – o que nos exige passar das inflexões sonoras para uma atenção aos signos óticos.

*

Seria em conferência para homenagear a obra de Huillet e Straub que, em 1987, Gilles Deleuze (2016) chamaria atenção para uma conexão necessária entre os atos de criação e os atos de resistência. Não que, entre outros, alguns feitos de arte se ergam como monumentos de resistência; a obra de arte é que, enquanto tal, supõe uma reivindicação fundamental, sem a qual uma obra não diria a sua necessidade. Mas o que isso quer dizer? Um ato de resistência se faz a despeito de quê?

Pode-se sempre responder que a prática artística resiste ao triunfo generalizado da vulgaridade, do clichê, da preguiça, da morte. Acaso nos faltasse o sentimento íntimo desses embates, Deleuze ainda precisaria: há um germe de arte ali onde alguém resiste à transmissão de palavras de ordem. Em muitos níveis a resistência diz respeito, pois, ao cinema, enquanto meio de uma economia industrial e de uma operação automática, vocacionado desde cedo a vestir as mais diversas máscaras do automatismo (sonâmbulos, zumbis, robôs...). Não poucos comentaristas, tendo denunciado por ingênuas as declarações otimistas de cineastas pioneiros, como Eisenstein e Gance, viram o cinema atualizar uma arte de catedral e servir de instrumento para a fascistização das massas.[57] Senão em toda parte, a resistência seria especialmente rara no cinema, consideradas suas tendências constitutivas.

---

[57] Para teses célebres nesse sentido, consulte-se Élie Faure (2024), Paul Virilio (2005) e Serge Daney (2022).

No que se captaria uma resistência cinematográfica? Distinguir resistência e expiação seria talvez um primeiro passo, se a resistência então se distancia dos cinemas da catarse e da vingança, que se contentam em fazer do problema ético uma caricatura dualista – obstáculo empírico interposto entre herói e objetivo, ou entre um meio interior (nação, casa, organismo) e seu pretendido equilíbrio harmônico (paraíso perdido, idade de ouro, terra prometida). Uma vez experimentada em si, a resistência talvez levantasse problemas diversos – a que custo, sobre quais calamidades invisíveis uma estrutura pretende se equilibrar? Em vez de épica e grandiosa, não seria modesta a resistência? Em vez de reduzir, obstar ou paralisar, a resistência não produz movimento, e mesmo um movimento sem fim?

Vimos como, ao longo do século XX, as mais diversas ciências e domínios de criação passam a apreciar a descontinuidade, que deixa de se igualar à negação. Na tese principal de Simondon, um coletivo transindividual só se vislumbra a partir de um encontro que desadapta o corpo relativamente às finalidades e automatismos que caracterizavam um regime orgânico de vida. Analogamente, na análise deleuziana do signo cinematográfico, o cinema moderno começa após a guerra e com a crise do sistema sensório-motor, quando as personagens já não sabem o que fazer. Uma organicidade *narrativa* é que, então, perde os eixos, restando zonas de indeterminação, ou o tempo em pessoa: o passado deixa de designar o que já não é, o que deixou de ser, a exemplo de um presente antigo, recuperável por *flashback*; pelo contrário, é o presente que nomeia o passageiro, enquanto o passado se conserva em si, sem esperar que o presente passe, *concomitante* ao presente passante. A percepção resta como o ponto mais contraído de uma profundidade inatual que, mesmo esquecida ou ignorada, não cessa de pressionar o atual. Consequência imediata – já não serve a máxima de que a imagem cinematográfica está "sempre no presente". A imagem entra em *déjà-vu*, e já não podemos separar agora e outrora, presente passante e passado retornante. Esse curto-circuito frequentemente se apresentará, em Huillet e Straub, como uma reversibilidade entre a precipitação da imagem atual no passado e o reavivamento do passado na imagem atual:

> O corpo permanece imóvel após a recitação do texto. O filme termina. A mulher ocupa o lugar da estátua, torna-se corpo imóvel diante das folhas que se movem. A estátua ganhou vida ao absorver o movimento da luz, das folhas e da própria

> voz da mulher. [...] Fazer imagem é aproximar-se da morte, mas mantendo algo vivo, pulsante. É viver o limiar, e dar à morte uma duração que retorna em série a partir da vida das imagens e do texto. Do mesmo modo, a construção em abismo da figuração, feita pelo cinema, da estátua de Montaigne, no encontro com seu texto, acaba por produzir como que uma ressurreição da sua imagem, tornando-o vivo e presente entre nós. (Aspahan, 2017, p. 159).

E dizíamos que, se Huillet e Straub jamais tratavam o passado como um presente antigo, é que alguma coisa soterrada vinha se soerguer em atmosfera. Não é apenas que a enunciação recitativa permita trair, portanto, a subordinação habitual do signo sonoro ao visível – é também o olho que escapa ao quadro e se devolve a algo que não se pode ver, nem de fato, nem de direito.

Mesmo quando regem diálogos, Huillet e Straub dispõem corpos não tanto frente a frente quanto em diagonal, ou lado a lado, voltando cada qual para um espaço dissociado de toda dependência visível. Especialmente quando os corpos enfrentam uma situação opressiva, as cabeças se erguem, como se pressentissem um porvir luminoso, enquanto os olhos fitam o chão, como se adivinhassem ao passado uma dignidade esquecida ou ignorada. Atrizes e atores respeitam uma estrita economia gestual e, tanto mais por assumirem a condição de estátuas, fazem corpo com figuras minerais, em comunidade com o barro, a água, o vento. É dessa planetariedade elementar que extraem seus atos de fala, em fraternidade com revoluções massacradas e camponeses sacrificados. O que o texto nos diz, pois, é que a terra desertada vem recobrir, em cada canto, a violência e o massacre. Ainda assim, não é um cinema enlutado ou lamentoso; constitui, ao contrário, uma prova de que os atos de resistência logram perpetuar, a despeito de sua derrota histórica, o nascimento de um mundo que vem tornar obsoletos os seus velhos senhores. É um cinema para o qual só existe o que resiste (Daney, 1996), ou o que se revolta (Costanzo, 2014); apenas o ato capaz de criar novas frestas de liberdade é que, noutras palavras, adquire o direito de retornar.

Não se dirá, desse cinema, que haja algo por ler atrás da imagem – mas haverá qualquer vitalidade esquecida que, abaixo da imagem, se eleva para falsear a morte. Enquanto o caráter lapidar de cada plano remete à concretude do túmulo, a câmera vara em panorama a paisagem, sugerindo um olho capaz de ler aquilo que a percepção imediata mantinha recoberto ou sepultado. Se a violência jamais se mostra em filme, não é por pudor – é que a imagem deve acometer e revirar o próprio olho "espectatorial", feito olho que parte em exploração do tempo, apreendendo o passado como o seu avesso incluso. Entre séries díspares – a percepção e a lembrança, a pedra muda e a recitação aérea, o que se vê e o que se diz –, institui-se um circuito reversível, ou uma "impossível coalescência entre o percebido e o conhecido, o conteúdo de uma percepção e a percepção de um conhecimento" (Daney, 1996, p. 147). Buscando singularizar o sentido de uma ética da disjunção audiovisual em Huillet e Straub, Rancière (2012, p. 122) começa evocando o "paradigma brechtiano"

> de uma arte que substitui as continuidades e progressões próprias do modelo narrativo e empático por uma forma quebrada que procura expor as tensões e contradições inerentes à apresentação das situações e ao modo de formular seus dados, desafios e soluções.

A partir de *Da Nuvem à Resistência* (1979), Rancière (2012, p. 122) vislumbra a chegada de um cinema "pós-brechtiano" que, em vez de "elevar o nível de certeza que sustenta a adesão a uma explicação de mundo", passa a suportar uma tensão sem resolução, livre de toda tentativa de conciliar o inconciliável. A um filho que confronta o pai sobre a prática supersticiosa de sacrificar camponeses para satisfazer os deuses, a instável resposta é a de que

> deuses e patrões se entendem para conservar o privilégio de sua preguiça e [de] que os oprimidos devem ater-se, na escolha das vítimas, ao princípio de utilidade máxima. A dialética 'marxista' não produz nada além da sabedoria de uma resignação a cometer a injustiça, pois esta é a lei do mundo. O que o filho opõe a isso é uma revolta que leva a outra resignação: é justo que os oprimidos sejam oprimidos porque eles aceitam a injustiça. (Rancière, 2012, p. 129).

O diálogo culmina na mão aberta do filho, enquadrada em primeiro plano, como em aliança com a terra, em recusa ao estado de coisas e em abertura para a mudança do mundo: "A irresolução do gesto é, ao mesmo tempo, um poder de resolução que quebra a engrenagem da troca dialética" (Rancière, 2012, p. 129). Se o jogo dialético dos contrários buscava apurar um juízo sobre a vida, agora é como se a imagem perdesse o juízo após ter experimentado "as aporias da emancipação", para um cinema cuja política consistiria em afirmar o corpo minoritário como capaz "de escandir a força dialética da divisão e de resumir em um gesto a resistência da justiça a todo e qualquer argumento. Essa própria resistência mostra-se visualmente igual ao seu contrário: a resistência da natureza a toda e qualquer argumentação do que é justo e injusto" (Rancière, 2012, p. 134). Essa lição pós-brechtiana, sugere Rancière, será desenvolvida por Pedro Costa, que passa a filmar corpos excluídos, errantes, livres de servidão narrativa.

Huillet e Straub jamais alegam superar Marx ou Brecht, e a sua adaptação de *Antígona*, tal como encenada por Brecht, chega 13 anos após *Da Nuvem à Resistência*. O que o casal não cessa de denunciar é um "brechtianismo simplificado", feito ensaio das opiniões do autor acerca da coisa filmada. Não custa ver como esse cinema recupera, a Brecht, um sentido acontecimental que Barthes (1990, p. 76) faria remontar ao caráter festivo do teatro grego:

> o sentido do *ar livre* é sua fragilidade. Ao ar livre, o espetáculo não pode ser um hábito, é vulnerável, logo, insubstituível: a imersão do espectador na polifonia complexa do ar livre (sol que se desloca, vento que se levanta, pássaros que voam, ruídos da cidade) restitui ao drama a singularidade de um acontecimento.

E seria já desde o recitativo que Huillet e Straub se veriam prolongando Brecht, "[...] segundo o qual o ator deve exibir sua relação com o texto de forma anti-ilusionista: ele deve citar novamente, re-citar" (Aspahan, 2017, p. 61). Também Fortini (2013), em tentativa de traduzir o método de trabalho do casal, lembra a definição de amor de Brecht, como a arte de produzir algo de novo com as capacidades do outro. Um tal método estará implicado na relação com as atrizes e atores, mas também inscrito, decisivamente, na maneira de dispor os corpos no espaço e de escolher o ponto "estratégico" onde assentar a câmera. Quando tenta descrever o estatuto enunciativo da câmera em *Relações de Classe* (1984), Straub oscila entre as afirmações de uma perspectiva subjetiva – pois é preciso que vejamos o que Karl Rossmann vê – e de uma perspectiva objetiva – pois é preciso que vejamos Karl Rossmann como um *ele*, segundo o discurso indireto livre empregado por Kafka. A dupla não chega a referir essa coincidência dissociativa, porém, como uma reversibilidade entre sujeitos de enunciação ou como um discurso indireto livre, e é Huillet quem chega para resgatar Straub de um dilema explicativo, sugerindo ela que o método, lentamente desenvolvido, concorre para o enquadramento de uma *perspectiva fraternal*. A câmera jamais coincide, pois, com uma primeira ou uma segunda pessoa (eu, tu); ela busca fraternidade com a perspectiva de um terceiro, nela inclusa como um outro.

Por sua extensão indefinida e sua compreensão genérica, a noção de intertexto não permitiria entender como, com que critérios esse cinema seleciona textos candidatos a adaptação. Tampouco entenderíamos esse cinema postulando a modernidade de cinemas não-narrativos, voltados para uma arte da descrição, em um prolongamento do dualismo que estrutura a teoria do cinema de Christian Metz (1977). Entendemos que a novidade de Huillet e Straub não passa aí, e sim em uma ruptura que afeta tanto a narração quanto a descrição. Seja quando a narração aspira à verossimilhança, seja quando a descrição postula a independência do seu objeto (isto é, uma separação de direito entre a coisa descrita e o ato mesmo de descrever), é a distinção entre o verdadeiro e o falso, entre o real e o imaginário, que organiza ainda a montagem cinematográfica. Esse modelo repousa em uma rígida separação entre quem vê e quem é visto, entre o sujeito de enunciação e os sujeitos de enunciado. Para romper com esse modelo de veridicção, não bastaria adotar uma câmera subjetiva, tampouco se entregar à simples mentira. A mentira supõe a forma do verdadeiro, por eixo de referência e princípio de composição; o que vem desequilibrar a forma da verdade não é a mera falsificação, mas uma coalescência entre o verdadeiro e o falso, aí onde já não podemos decidir se percebemos ou se lembramos, se apreendemos um mundo objetivo ou se vamos arrastados no delírio de um terceiro.

Do ponto de vista da atuação, esse novo regime da imagem faz com que a atriz encarne e torne límpido o seu papel (eis Antígona, em pessoa), enquanto a sua própria imagem tomba em opacidade fantasmática.[58] Em Straub-Huillet, esse procedimento acomete também o campo e as cidades – o texto antigo salta ao presente para esclarecer o sentido de Roma, enquanto a Roma atual afunda em mistério. Não é que real e imaginário se confundam – é que a sua distinção devém indiscernível. As faces incompatíveis da imagem entram em curto-circuito e passam a revezar sem solução estável, naquilo que Deleuze (2018) chamou de imagem-cristal.

---

[58] Enquanto seus filmes mais parecem documentários sobre atores performando textos impróprios, Huillet e Straub estão próximos do que Rivette (1978, p. 65) comentaria sobre um filme tardio de Fritz Lang: "[...] o aspecto diagramático ou expositivo instantaneamente assumido pelo desdobrar das imagens: como se o que estivéssemos assistindo fosse menos a *mise-en-scène* de um roteiro do que a simples leitura do roteiro, apresentada a nós enquanto tal, sem embelezamento".

Se as vozes recitantes de Huillet e Straub têm algum "objeto", já não se trata daquela evidência amostrável que a semiótica peirceana chama de "objeto imediato"; o "fora de nós", em Huillet e Straub, avizinha-se ao que Peirce concebe por um objeto dinâmico, termo que Lúcia Santaella (1992, p. 191) equivale, muito a propósito, à ideia de realidade:

> [...] num sentido bem geral, o objeto dinâmico equivaleria à realidade e o interpretante final à verdade. [...] O real está no passado e a verdade no futuro. O presente é o lugar do intérprete ou interpretante dinâmico. Se fosse possível atingir a verdade, ela coincidiria com o real, seria a revelação manifesta do real, ponto de encontro (no górdio) do passado com o futuro[.]

A questão toda é que, em vez de se contentarem com uma representação indireta do objeto, segundo um encadeamento indefinido de atuais, e para uma multiplicação indefinida de pontos de vista exteriores à coisa, Huillet e Straub arranjam fraternidade estratégica com um limite dinâmico, para uma imagem em si mesma errante. Veremos Huillet e Straub (2016) sugerirem que, para um cinema ocupado com o que está "fora de nós" e textos que nos oferecem resistência, convém uma atividade artística modesta, capaz de deformar o mínimo possível. Dir-se-ia mesmo que somos nós que nos deformamos, no encontro com as forças do texto. Tanto mais para o caso de uma obra inteiramente composta a partir de textos alheios, importaria estudá-la para além de si mesma, na sua radical impropriedade. Consulte-se, nesse sentido, o recente livro de Turquety (2020), que aproxima o cinema de Huillet e Straub à vanguarda "objetivista" em poesia. As observações de Turquety, sugestivas de uma estilística transversal à literatura e ao cinema, permitiriam traduzir ressonâncias entre cineastas – é claro que uma superação interna da dialética, tal como sugere Rancière, não se esgota em Straub-Huillet e Pedro Costa. Caberia recolher tanto as suas inflexões, como em Harun Farocki, quanto as suas premonições, inclusive no cinema brasileiro, como em Nelson Pereira dos Santos. Veja-se *Vidas Secas* (1963), cujas vozes não cessam de escapar à função interativa – ora operam como grunhidos em meio a outros reclames animais; ora entram em regime de reza; ora elevam-se à fabulação, os olhares de Fabiano e de Sinhá Vitória como que hipnotizados, os seus dois solilóquios sobrepostos, em uma ideia já plenamente audiovisual, em vez de literária. O devaneio, o praguejar, a reza, o canto e a animalidade estarão entre as mais notáveis assinaturas vocálicas da obra de Nelson Pereira dos Santos, vizinho de Straub-Huillet também no gosto de adaptar textos clássicos.

Em Huillet e Straub, a resistência é não apenas um tema, mas uma maneira de desencadear imagem e som, de dispor corpos no espaço, de curto-circuitar a relação entre uma atriz e o seu papel. No limite, a resistência diz respeito ao tempo; mesmo ao nível do que se poderia reconhecer como uma trama narrativa, as protagonistas desse cinema resistem, antes de tudo, a uma dada ordem de visibilidade, aí onde o espaço da ação tende à contração de hábitos, à programação da vida, ao coroamento da injustiça. Antígona resiste não apenas à tirania de Creonte; em solidariedade com os "de baixo", ela adquire o direito imprescritível de retornar, como anunciadora de um tempo que ainda não chegou, tempo inseparável de um trabalho de leitura, exploração nomádica de uma memória já não psicológica ou pessoal, e sim do mundo, do Fora.

6

CONSIDERAÇÕES FINAIS

A filosofia de Simondon terá suscitado a distinção de três níveis copresentes de comunicação: por sua materialidade pré-individual, a comunicação supõe um recobrimento movente de séries incompatíveis e não-comunicantes; por seus limiares singulares, ela implica cortes de fluxo e germes de forma; por seus efeitos, ela compõe um acoplamento intensivo, que Simondon chama, por vezes, de símbolo.

Nesse sentido operatório, um símbolo não representa nada. Não retrata estados de coisas, de corpos ou de almas – um símbolo confere durabilidade a uma tensão, a uma diferença de potencial. Quando apreciamos um composto simbólico pela indefinição, pelo adiamento, pela suspensão do sentido, arriscamos ainda fazer, da ideia de sentido, uma ideia de equilíbrio; com efeito, a comunicação representativa convive bem com desequilíbrios de fato, bastando-lhe resguardar um equilíbrio de direito, para uma promessa de convergência entre o real e o verdadeiro, como entre o que não se pode revelar e o que só se pode postergar.

Década seguinte às defesas de tese de Simondon, Michel Foucault reformulará, a propósito, o problema do ser da linguagem. A celebração das semelhanças pelas vanguardas artísticas do século XX parecia anunciar a reemergência de uma concepção medieval do signo, e Foucault (2000, p. 60) mostra que, às portas do enquadramento representativo, jamais deixara de espreitar um "ser bruto esquecido desde o século XVI", contradiscurso encantatório cujas personagens-limite seriam o poeta e o louco, o homem da alegoria e o homem das semelhanças selvagens: "O poeta faz chegar a similitude até os signos que a dizem, o louco carrega todos os signos com uma semelhança que acaba por apagá-los" (Foucault, 2000, p. 68). Mas o novo século não se contentaria, sem mais, com reincorporar a linguagem aos mistérios de uma natureza decifrável pela ordem infinita das similitudes:

> A partir do século XIX, a literatura repõe à luz a linguagem no seu ser: não, porém, tal como ela aparecia ainda no final do Renascimento. Porque agora não há mais aquela palavra

primeira, absolutamente inicial, pela qual se achava fundado e limitado o movimento infinito do discurso; doravante a linguagem vai crescer sem começo, sem termo e sem promessa. É o percurso desse espaço vão e fundamental que traça, dia a dia, o texto da literatura (Foucault, 2000, p. 61).

Seria de perguntar se essa decolagem epocal de um vão de comunicação, pelo qual a linguagem cresceria sem começo, sem termo e sem promessa, não guardaria as condições propícias para aquele ato esteticista contra o qual Simondon se inquieta já nas páginas derradeiras de sua tese sobre a individuação. Pudera – se nada previne a comunicação de dizer qualquer coisa sobre qualquer coisa, o que a impede de se identificar à possibilidade de mentir, como chega a sugerir Umberto Eco (2014)? Com que senso de prudência a comunicação resistiria a decair naquela alternativa sufocante, diagnosticada por Rossellini (1963), entre o infantilismo e a crueldade gratuita, entre o apelo queixoso e o exercício de poder? Desmentida toda comunicação de uma verdade, que espaço resta, se é que resta, para uma verdade da comunicação?

*

Operativa entre o pré-individual e o individuado, a comunicação mergulhava em afasia ilimitada, mas o ilimitado só se dizia do afrontamento de um limite: "a ciência das operações só pode ser atingida se a ciência das estruturas sente, do interior, os limites de seu próprio domínio" (ILFI, p. 562). É respondendo a uma necessidade, como à necessidade de arrancar à pedra muda uma reivindicação vital, que a comunicação chega a tomar por objeto o seu próprio silêncio. Mas não será ainda por romper com o isomorfismo e afirmar uma profunda disjunção, como uma diferença de natureza entre as formas do visível e as formas do enunciável, que a comunicação vai superar a situação em que a deixara a crítica kantiana, fundadora da epistemologia moderna:

> Kant procurou sintetizar essas duas concepções da comunicação entre as regiões do saber; resultou em um relativismo epistemológico; a sensibilidade é interpretada de maneira empirista; a razão, de maneira inatista; entre essas duas ordens está a atividade do esquematismo, cuja descrição permaneceu obscura em Kant, porque esse nível é precisamente o da comunicação do sujeito consigo mesmo, onde

se efetua o progresso do saber. Kant reconheceu e localizou o problema da comunicação interna, da descoberta e da invenção; mas esse problema não foi, até hoje, realmente elucidado (CI, p. 132).

Não que Kant (1980) deixasse desatendido o intervalo problemático entre a forma da receptividade (a intuição) e a forma da espontaneidade (o conceito): a comunicação entre as faculdades heterogêneas era assegurada pelos esquemas da imaginação, que preenchiam o intervalo não mais com formas, mas com *dinamismos* espaço-temporais. Por que a solução kantiana não bastava? Em que ela mantinha inexplicado o problema da comunicação interna, problema esse que guardaria o segredo da descoberta e da invenção?

Não seria sem uma acentuação explícita que Simondon subordinaria as formas ao marulho informe das relações de força: "há operação comum e num mesmo nível de existência entre matéria e forma; esse nível comum de existência é o da *força*" (ILFI, p. 45). Uma vez isolada, em curso específico, a problemática da imaginação, Simondon não mais a reportaria às faculdades do sujeito, e as imagens chegariam mesmo do fora, como forças intrusas, capazes de deformar um meio de interioridade:

> [...] por que excluir como ilusórios os caracteres pelos quais uma imagem resiste ao livre arbítrio, rechaça deixar-se dirigir pela vontade do sujeito, e se apresenta por si mesma segundo suas próprias forças, que habitam a consciência como um intruso que chega a perturbar a ordem de uma casa para onde não foi convidado? (IMIN, p. 13).

Uma e outra vez, as forças vêm preceder as formas. Que conhecimento as relações de força poderiam ainda prometer? Decerto, não o conhecimento da evidência amostrável; o maquinismo requer um limite dinâmico, assim uma superfície tensiva pela qual se distinguissem e se insinuassem, reciprocamente, um verso e um reverso: "a arma-símbolo não é tomada pelo sujeito nem brandida pelo outro contra ele; ela é a tensão entre essas duas imagens, como uma arma vista de perfil que contém de maneira potencial o gesto que a voltaria ao outro ou contra o sujeito" (IMIN, p. 154). O símbolo erra, ainda e sempre, mas já não há unidade formal, não há juízo de conformidade contra o qual seu sentido se pudesse confessar falível ou equívoco; liberado de definições por correspondência formal, o sentido vira falha e errância, passagem de um sistema a outro, consistência adequada ao indecidível – fissura comum entre imagens assimétricas.

*

Já as singularidades se apresentavam como limites sugestivos tanto de um corte de fluxo quanto de um gatilho de individuação. Um regime de modulação se dizia, por sua conta, de um corte movente, tão sutil quanto se quisesse, para a sintetização contínua de "uma população perpetuamente nova de elementos microfísicos determinados muito perto da origem de seu percurso livre" (API, p. 171). E nos pareceu que a modulação oscilava entre tendências extremas – seja uma tendência de congelar-se em seus resultados terminais, como estrutura fixa, forma vazia do dinamismo finalizado; seja uma tendência de coincidir com seu limite problemático, incidência paradoxal "muito perto" das emissões de singularidades livres. Diremos que o maquinismo tende, em um extremo, a confundir-se com as possibilidades prescritas por um código e, no outro extremo, a descrever um plano de consistência, por transbordamento de uma saturação molecular de forças; entre o molde e a modulação, serão movimentos inversos, apreciáveis tão somente por uma escala de potência: "a mediação não é da mesma natureza que os termos: ela é tensão, potencial" (ILFI, p. 365).

A comunicação opera, a cada vez, um corte de sentido, mas seu sentido é tão somente um sentido de potência; a comunicação implica sujeitos, objetos e significados, mas como funções de desdobramento, e não como constantes extrínsecas. Das posições de sujeito diremos que são modulações de uma comunicabilidade molecular, pré-pessoal, primitivamente anônima; dos objetos, diremos que remetem aos limites acontecimentais que a comunicação, em cada caso, afronta; dos significados, diremos que se apreciam por níveis de heterogeneidade e tensão interna.

Simondon aprecia uma obra musical como a de Xenakis por suscitar um curto-circuito "desconcertante" entre o primitivismo e o futurismo. A propósito do *Pierrot Lunaire* de Schoenberg, Mário de Andrade (*apud* Wisnik, 1999, p. 54) formularia com especial beleza essa ideia de um puro intervalo de mutação: "essa arte nova, essa quasi-música do presente, si pelo seu primitivismo inda não é música, pelo seu refinamento já não é música mais". Já a solução de Simondon ao problema da informação significativa, com que um princípio de equilíbrio estrutural se via substituído por um elogio da assimetria e da irregularidade, teria bastado para compreendermos que a investida contra o esteticismo não era um grito contra o disforme ou o inacabamento. Ocorre que, se é certo que o maquinismo já não representa estados de coisas ou de sujeitos, nem por isso ele identifica a comunicação, sem mais, ao campo geral da ficção. E eis que em nenhum outro lugar, tanto quanto na distinção bergsonista entre a fantasia e a obra de arte, a denúncia do esteticismo nos parecerá tão próxima de uma formulação compreensível. Bergson (2014, p. 183) insiste que o acontecimento estético estimula não a imaginação, mas a percepção, enquanto provoca, de um só golpe, um falseamento e uma expansão da percepção habitual: "Aprofundemo-nos no que experimentamos diante de um Turner ou de um Corot: vamos descobrir que, se os aceitamos e os admiramos, é que já havíamos percebido algo do que nos mostram. Mas havíamos percebido sem perceber". Remontar dos efeitos às causas, como das formas às forças informes, não será mais, como em Kant, compatibilizar as faculdades heterogêneas do sujeito mediante os esquemas da imaginação; será encaminhar-se para a exposição de um imperceptível na percepção. Esse algo imperceptível remete ao domínio molecular das relações de força, que apenas agem e reagem, que afetam e são afetadas. Se uma comunicação das forças já não se contenta em representar formas, é que ela devém inseparável de uma crise e de uma passagem em ato; a crise dá testemunho de um rompimento da percepção estratificada, e a passagem deixa elevar, como do subterrâneo, um recobrimento afetivo despossuído: "Tudo aquilo que, no mundo, é o início de uma fissura – ruína, afeto histórico –, permite escapar da percepção para entrar no universo afetivo-emotivo" (IMIN, p. 35).

*

    Diferentes modalidades de individuação se distinguirão pela velocidade com que a tensão se distende e se diferencia no espaço; enquanto se resolve instantaneamente, a tensão se cristaliza em indivíduo físico, e é retardando esse processo que uma membrana vital tem a chance de experimentar uma repartição topológica entre o dentro e o fora, entre o passado e o porvir. A vida não espera outra coisa para começar, nem se instala sobre outra coisa; a vida é a conservação de uma capacidade de mudança. A tese sobre a individuação não descreve um esgotamento progressivo de potenciais – descreve, pelo contrário, uma amplificação crescente de margens de indeterminação. A neotenia não será um dentre os processos da vida – será a atividade vital por excelência, a vida como persistência larval, monstruosa por definição. É retardando a morte que Simondon obtém uma descrição da vida, que devém inseparável de uma função de resistência.

A individuação orgânica constitui estratificações de um lado de dentro, feito interioridade relativa, enquanto a individuação física empilha estratos do lado de fora, feito exterioridade relativa; restará ao pensamento uma resistência intervalar, "no limite da realidade física e da realidade biológica" (ILFI, p. 415). Seria em um curso dedicado à comunicação que Simondon pensaria esse intervalo como um entremeio de aleatoriedade, em uma efetiva reversão de sentido, se a mais rigorosa cibernética quisera identificar a comunicação à restrição do aleatório e à instituição do previsível. E aí nos pareceu que, imiscuído entre estímulo e resposta, um entremeio maquínico compreendia espaço para o jogo da leitura; quanto mais repelia a lógica transmissiva, mais a comunicação dispensava a simplicidade monológica: o seu percurso, em vez de seta unidirecional, descrevia antes um circuito, um zigue-zague entre termos que ela avizinhava e modificava. Era como se, com Simondon, um pensamento íntimo ao alastramento viral viesse concorrer para o descerramento de uma atmosfera respirável. Não sabemos dizer se a comunicação simondoniana é mesmo aquela que "melhor autoriza uma aproximação positiva" entre o pensamento indígena e o pensamento ocidental, como sugere Laymert Garcia dos Santos (2012), mas estaremos em condições de reconhecer uma reivindicação de atmosfera como um problema de comunicação. É preciso uma leitura não metafórica da flecha dupla que Davi Kopenawa (2015) lança contra uma linguagem esquecida de si mesma e um regime de ação que tende ao sufocamento, ao soterramento mesmo do céu. Não se trata de fazer coro com prenúncios de apocalipse; trata-se de pôr uma catástrofe na percepção e uma resistência no pensamento – ou ainda não perceber, ou ainda não pensar.

A comunicação encontra sua capacidade de resistência imiscuída, a cada vez, entre o desaparecimento de um mundo e o aparecimento de outro. Ao nível molecular das relações de forças, a comunicação afronta um acavalamento de emergências e sumiços em velocidade ilimitada, naquilo que Octavio Paz (2002), comentando a obra de Michaux, nomearia a zona do indescritível e do incomunicável. Disputaremos essa zona como aquela de uma comunicação maquínica, labirinto de traços que correm sem começo, sem termo e sem promessa. Rompida toda convergência pressuposta, na origem ou na destinação, entre a forma do visível e a forma do enunciável, e quando não lhe resta mais que um espelho, a comunicação se achará mapeando um labirinto acentrado, definido tão somente por suas entradas, cada nova entrada suscitando modificações de sentido nas demais. Dois anos após a emergência mundial de novas formas de luta, culminantes nas agitações de maio de 1968, o enciclopedismo simondoniano se reformulava como uma comunicação que, tornando-se interna, anunciava uma pedagogia livre de vínculos de subordinação, para um coletivo em cada canto revirável por diferenciais epistêmicos. O que a comunicação dispersava em toda parte não era mais a semelhança universal, a opinião, as palavras de ordem, as associações de ideias – eram as dissociações, os cortes singulares, os intervalos operatórios.

REFERÊNCIAS

A ANTÍGONA DE SÓFOCLES, NA TRADUÇÃO DE HÖLDERLIN, TAL COMO FOI ADAPTADA À CENA POR BRECHT EM 1948. Direção: Danièle Huillet, Jean-Marie Straub. Produção: Danièle Huillet, Martine Marignac, Jean-Marie Straub, Regina Ziegler. Alemanha, França, 1992, 100 min., sonoro, colorido.

A MORTE DE EMPÉDOCLES. Direção: Danièle Huillet, Jean-Marie Straub. Produção: Roland Caspary, Jérôme Clément, Rosemarie Gockel, Klaus Hellwig, Margaret Ménégoz, Barbet Schroeder. França, Alemanha Ocidental, 1987, 133 min., sonoro, colorido.

ANDRADE, C. D. de. **Antologia Poética**. São Paulo: Companhia das Letras, 2015.

ARAUJO, M. Straub, Huillet e o ensaísmo dos outros. **Devires**, Belo Horizonte, v. 10, n. 1, p. 108-137, jan./jun. 2013.

ARISTÓTELES. **Física I-II**. Campinas: Editora da Unicamp, 2009.

ARTAUD, A. **Anthology**. San Francisco: City Light Books, 1965.

ASPAHAN, P. **Composição musical e pensamento cinematográfico**: a estética do serialismo no cinema de Straub-Huillet. Tese (Doutorado em Comunicação Social) – Universidade Federal de Minas Gerais, Belo Horizonte, 2017.

ATAMER, E. Dissipative individuation. **Parrhesia**, n. 12, p. 57-70, 2011. Disponível em: http://parrhesiajournal.org/parrhesia12/parrhesia12_atamer.pdf. Acesso em: 11 set. 2024.

BACHELARD, G. O novo espírito científico. *In*: BACHELARD, G. **Os pensadores**. São Paulo: Abril Cultural, 1978. p. 91-179.

BARDIN, A. **Epistemology and Political Philosophy in Gilbert Simondon**: Individuation, Technics, Social Systems. Dordrecht: Springer, 2015.

BARROS, G. A. **Da individuação em Simondon ao inventar-se pela educação infantil**. Dissertação (Mestrado em Educação) – Centro de Educação e Ciências Humanas, Universidade Federal de São Carlos, São Carlos, 2015.

BARTHÉLÉMY, J.H. **Penser l'individuation**: Simondon et la philosophie de la nature. Paris: L'Harmattan, 2005.

BARTHÉLÉMY, J.H. Glossaire Simondon: les 50 grandes entrées dans l'oeuvre. **Cahiers Simondon**, n. 5. Paris: L'Harmattan, 2013.

BARTHES, R. **O óbvio e o obtuso**: ensaios críticos III. Rio de Janeiro: Nova Fronteira, 1990.

BARTHES, R. **Mirtha Dermisache**: Writings, drawings, editions... readings. Carta a Mirtha Dermisache, 28 mar. 1971. Disponível em: https://herlitzkafaria. com/uploads/Carta%20Barthes%20-%20Dermisache%20ING.pdf. Acesso em: 11 set. 2024.

BATESON, G. **Steps to an ecology of mind**: collected essays in anthropology, psychiatry, evolution and epistemology. San Francisco: Chandler Pub. Co., 1972.

BATESON, G.; JACKSON, D.; HALEY, J.; WEAKLAND, J. Toward a theory of schizophrenia. **Behavioral Science**, 1956, 1, 251-264. Disponível em: https:// solutions-centre.org/pdf/TOWARD-A-THEORY-OF-SCHIZOPHRENIA-2.pdf. Acesso em: 11 set. 2024.

BENJAMIN, W. Sobre o conceito de história. *In*: LÖWY, M. **Walter Benjamin**: aviso de incêndio. Uma leitura das teses 'Sobre o conceito de história'. São Paulo: Boitempo, 2005.

BERGSON, H. **Matéria e memória**: Ensaio sobre a relação do corpo com o espírito. São Paulo: Martins Fontes, 2011.

BERGSON, H. **O riso**: ensaio sobre a significação do cômico. Rio de Janeiro: Zahar Editores, 1983.

BERGSON, H. **La pensée et le mouvant**. Paris: Flammarion, 2014.

BLANCHOT, M. **O livro por vir**. São Paulo: Martins Fontes, 2013.

BLANCHOT, M. **O espaço literário**. Rio de Janeiro: Rocco, 2011.

BONTEMS, V. Por que Simondon? A trajetória e a obra de Gilbert Simondon. **Revista EcoPós**, v. 20, n. 1, 2017.

BOURDEAU, L. **L'histoire et les historiens**: essai critique sur l'histoire considérée comme Science positive. Paris: Félix Alcan, 1888.

BRECHT, B. **Estudos sobre teatro**. Rio de Janeiro: Nova Fronteira, 1978.

CAGE, J. **Silêncio**. Rio de Janeiro: Cobogó, 2019.

CHABOT, P. **La philosophie de Simondon**. Paris: Librairie Philosophique J. Vrin, 2003.

CHARLES, H.; WEISS, P.; BURKS, A. (org.). **Collected Papers of Charles Sanders Peirce**. Cambridge: Harvard University Press, 1931-35 e 1958.

CHATEAU, J.Y. Présentation: Communication et Information dans l'oeuvre de Gilbert Simondon. *In*: SIMONDON, G. **Communication et information**: Cours et Conférences. Chatou: Les Éditions de La Transparence, 2010.

CHAUI, M. **Desejo, paixão e ação na ética de Espinosa**. São Paulo: Companhia das Letras, 2011.

CHION, M. **La musica en el cine**. Barcelona: Paidós, 1997.

CLASTRES, P. **A sociedade contra o Estado**: investigações de antropologia política. São Paulo: Cosac Naify, 2003.

COMBES, M. **Simondon**: una filosofía de lo transindividual. Buenos Aires: Cactus, 2017.

COSTANZO, A. Straub-Huillet: la possibilité d'un monde. **Cahiers du GRM** [Online], 5, 2014. Disponível em: http://journals.openedition.org/grm/404. Acesso em: 11 set. 2024.

CRÔNICA DE ANNA MAGDALENA BACH. Direção: Danièle Huillet, Jean-Marie Straub. Produção: Gian Vittorio Baldi, Danièle Huillet, Franz Seitz, Jean-Marie Straub. Alemanha Ocidental, Itália, 1968, 94 min., sonoro, preto e branco.

DA NUVEM À RESISTÊNCIA. Direção: Danièle Huillet, Jean-Marie Straub. Produção: Danièle Huillet, Jean-Marie Straub. Itália, Alemanha Ocidental, 1979, 104 min., sonoro, colorido.

DANEY, S. Une morale de la perception (De la nuée à la résistance de Straub-Huillet). **La Rampe, Cahier critique 1970-1982**. Paris: Cahiers du Cinéma / Gallimard, 1996.

DANEY, S. **The Cinema House & the World**: The Cahiers du Cinéma Years 1962-1981. South Pasadena: Semiotext(e), 2022.

DELEUZE, G. **Bergsonismo**. São Paulo: Editora 34, 1999.

DELEUZE, G. **A Ilha Deserta e outros textos**: textos e entrevistas (1953-1974). São Paulo: Editora Iluminuras, 2005a.

DELEUZE, G. **Derrames entre el capitalismo y la esquizofrenia**. Buenos Aires: Cactus, 2005b.

DELEUZE, G. **Lógica da Sensação**. Rio de Janeiro: Zahar, 2002.

DELEUZE, G. **Cinema 2**: A imagem-tempo. São Paulo: ed. 34, 2018.

DELEUZE, G. *Post-scriptum* sobre as sociedades de controle. *In*: DELEUZE, G. **Conversações, 1972-1990**. São Paulo: Editora 34, 1992.

DELEUZE, G. **Crítica e Clínica**. São Paulo: Editora 34, 2011.

DELEUZE, G. O que é o ato de criação? *In*: DELEUZE, G. **Dois regimes de loucos**: textos e entrevistas (1975-1995). São Paulo: Editora 34, 2016. p. 332-343.

DELEUZE, G.; GUATTARI, F. **Mil Platôs**: capitalismo e esquizofrenia 2. São Paulo: Editora 34, 1997. v. 4.

DELEUZE, G.; GUATTARI, F. **O que é a filosofia?** São Paulo: Editora 34, 1992.

DERRIDA, J. **Edmund Husserl's Origin of Geometry**: An introduction. Lincoln: University of Nebraska Press, 1989.

DERRIDA, J. **A farmácia de Platão**. São Paulo: Iluminuras, 2005.

DORAN, M. (org.). **Conversas com Cézanne**. São Paulo: Editora 34, 2021.

DOSSE, F. **História do estruturalismo**, v. 1: o campo do signo. Campinas: Unicamp, 1993.

DOSSE, F. **Renascimento do Acontecimento**: um desafio para o historiador: entre Esfinge e Fênix. São Paulo: Editora Unesp, 2013.

DUCROT, O. **El decir y lo dicho**. Barcelona: Paidós, 1984.

DUHEM, L. **Introduction à la techno-esthétique**: forme – image – machine. Séminaire de Montréal UQAM, Montreal, 2009. Disponível em: https://www.researchgate.net/publication/322288630_Introduction_a_la_techno-esthetique_Introduction_to_techno-aesthetics. Acesso em: 11 set. 2024.

DURAS, M. **Escrever**. Rio de Janeiro: Rocco, 1994.

ECO, U. **Tratado geral de semiótica**. São Paulo: Perspectiva, 2014.

EN RACHÂCHANT. Direção: Danièle Huillet, Jean-Marie Straub. Produção: Danièle Huillet, Jean-Marie Straub. França, 1982, 7 min., sonoro, preto e branco.

FAURE, E. **Introduction à la mystique du cinema**. Paris: SHS Editions, 2024.

FERRARA, L. D. **A comunicação que não vemos**. São Paulo: Paulus, 2018. *E-book*.

FERRARA, L. D. Comunicação e semiótica em ressonâncias epistemológicas. **Intexto**, Porto Alegre: UFRGS, n. 37, p. 89-100, set./dez. 2016. Disponível em: https://seer.ufrgs.br/index.php/intexto/article/view/67634. Acesso em: 11 set. 2024.

FLUSSER, V. **O universo das imagens técnicas**: elogio da superficialidade. São Paulo: Annablume, 2009.

FLUSSER, V. **Comunicologia**: reflexões sobre o futuro. São Paulo: Martins Fontes, 2015.

FORTINI, F. **The dogs of the Sinai**. Calcutá: Seagull Books, 2013.

FORTINI/CANI. Direção: Danièle Huillet, Jean-Marie Straub. Produção: André Engel, Danièle Huillet, Jean-Marie Straub, Daniel Talbot, Stéphane Tchalgadjieff. Itália, França, 1976, 87 min., sonoro, colorido.

FOUCAULT, M. **As palavras e as coisas**. São Paulo: Martins Fontes, 2000.

FOUCAULT, M. **Le courage de la vérité**. Le gouvernement de soi et des autres II. Cours au Collège de France (1983-1984). Paris: Seuil/Gallimard, 2009.

FREUD, S. **Além do princípio do prazer**. Rio de Janeiro: Imago, 1989.

GARCIA DOS SANTOS, L. **Simondon, Souriau, e a questão tecno-estética**. Palestra proferida em 2 de abril de 2012 no evento Informação, tecnicidade, individuação: a urgência do pensamento de Gilbert Simondon. Campinas: Universidade Estadual de Campinas, IFCH – UNICAMP, 2012. Disponível em: https://www.laymert.com.br/simondon-souriau-e-a-questao-tecno-estetica/. Acesso em: 11 set. 2024.

GOFFMAN, E. **The presentation of self in everyday life**. Edimburgh: University of Edinburgh Social Sciences Research Centre, 1956.

GOMBROWICZ, W. **Cosmos**. São Paulo: Companhia das Letras, 2007.

HEREDIA, J. M. Simondon y el problema de la analogía. **Ideas y Valores**, 68, n. 171, p. 209-230, set. 2019. Disponível em: http://doi.org/10.15446/ideasyvalores. v68n171.65307. Acesso em: 11 maio 2020.

HJELMSLEV, L. **Prolegômenos a uma teoria da linguagem**. São Paulo: Perspectiva, 1975.

HOBSBAWN, E. **A era dos extremos**: o breve século XX (1914-1991). São Paulo: Companhia das Letras, 1995.

HOTTOIS, G. **Simondon et la philosophie de la "culture technique"**. Bruxelas: De Boeck-Wesmael, 1993.

HUI, Y. **The Question Concerning Technology in China**: An Essay in Cosmotechnics. Falmouth: Urbanomic, 2016.

HUILLET, D.; STRAUB, J-M. **Writings**. New York: Sequence Press, 2016.

HUSSERL, E. **Phenomenology and the Crisis of Philosophy**: Philosophy as Rigorous Science and Philosophy and the Crisis of European Man. Nova York: Harper & Row, 1965.

HUSSERL, E. The origin of geometry. *In*: DERRIDA, J. **Edmund Husserl's Origin of Geometry**: An introduction. Lincoln: University of Nebraska Press, 1989.

IBRI, I. **Kósmos Noetós**: a arquitetura metafísica de Charles S. Peirce. São Paulo: Perspectiva: Hólon, 1992.

JACOBSON, M. On asemic writing. **Asymptote Journal**, Julho, 2013. Disponível em: https://www.asymptotejournal.com/visual/michael-jacobson-on-asemic-writing/. Acesso em: 11 set. 2014.

JAKOBSON, R. **Linguística e comunicação**. São Paulo: Cultrix, 2001.

JARDIM, A. F. C. **Como sair da ilha da minha consciência**: Gilles Deleuze e uma crítica à subjetividade transcendental em Edmund Husserl. Tese (Doutorado em Filosofia) – Centro de Educação e Ciências Humanas, Universidade Federal de São Carlos, São Carlos, 2007.

JUNGK, I. V. G. **Por uma ontologia plana**: Harman, Simondon, Peirce. Tese (Doutorado em Tecnologias da Inteligência e Design Digital) – Pontifícia Universidade Católica de São Paulo, São Paulo, 2017.

KANT, I. **Crítica da razão pura**. São Paulo: Abril Cultural, 1980.

KLEE, P. **Théorie de l'art moderne**. Genebra: Éditions Gónthier, 1964.

KOPENAWA, D; ALBERT, B. **A queda do céu**: palavras de um xamã yanomami. São Paulo: Companhia das Letras, 2015.

KRISTEVA, J. Le geste, pratique ou communication? **Langages**, 3. année, n.10, 1968. Pratiques et langages gestuels. p. 48-64.

LATERCE, S. R. **Simondon e o humanismo técnico**. Tese (Doutorado em Filosofia) – Universidade Federal do Rio de Janeiro, Rio de Janeiro, 2009.

LEROI-GOURHAN, A. **Le geste et la parole**: technique et langage. Paris: Éditions Albin Michel, 1964.

LEROI-GOURHAN, A. **O gesto e a palavra 2**: memória e ritmos. Lisboa: Edições 70, 1987.

LOGAN, R. K. What is Information?: Why is it relativistic and what is its relationship to Materiality, Meaning and Organization. **Information**, 3, p. 68-91, 2012. Disponível em: https://www.mdpi.com/2078-2489/3/1/68. Acesso em: 11 set. 2024.

LOGAN, R. K. **The poetry of physics and the physics of poetry**. World Scientific Publishing: Singapura, 2010.

LONGO, A. **Pós-humanismo na máquina anímica**: visões explosivas do humano na animação japonesa. Dissertação (Mestrado em Comunicação e Informação) – Universidade Federal do Rio Grande do Sul, Porto Alegre, 2017.

MARTINS, D. C. Huillet-Straub no cinema moderno: autoria como primado do material e espectatorialidade libertária. **Galáxia**, São Paulo, v. 47, p. 1-22, 2022.

MARUYAMA, M. The Second Cybernetics: Deviation-Amplifying Mutual Causal Processes. **American Scientist**, v. 51, n. 2, junho 1963, p. 164-179. Disponível em: https://www.jstor.org/stable/27838689. Acesso em: 18 abr. 2020.

MEAD, G. H. **Mind, Self and Society**: from the stand point of a social behaviorist. Chicago: The University of Chicago Press, 1972.

MELO NETO, J. C. **A educação pela pedra**. Rio de Janeiro: Nova Fronteira, 1997.

MERLEAU-PONTY, M. **O visível e o invisível**. São Paulo: Perspectiva, 2005.

METZ, C. **A significação no cinema**. São Paulo: Perspectiva, 1977.

MICHALET, J.; ALLOA, E. Transductive ou intensive? Penser la différence entre Simondon et Deleuze. **La part de l'oeil**, 27/28, Formes et forces. Topologies de l'individuation, Deleuze/Simondon, 2013. p. 203-215. Disponível em: https://www.academia.edu/4239388/Transductive_ou_intensive_Penser_la_diff%-C3%A9rence_entre_Simondon_et_Deleuze. Acesso em: 11 set. 2024.

MICHAUX, H. **Miserable miracle**. Nova York: New York Review of Books, 2002.

MICHAUX, H. **Œuvres completes**, Vol. III. Paris: Gallimard: Collection Bibliothèque de la Pléiade, 2004.

MICHAUX, H. **Parenthèse**: suivi de, Faut-il vraiment une déclaration? Paris: L'Echoppe, 1998.

MOISÉS E AARÃO. Direção: Danièle Huillet, Jean-Marie Straub. Produção: Danièle Huillet, Jean-Marie Straub. Alemanha Ocidental, Áustria, 1975, 107 min., sonoro, colorido.

MONTAIGNE, M. de. **Ensaios**. São Paulo: Nova Cultural, 1987.

NEGRI, A. **Cinco lições sobre Império**. Rio de Janeiro: DP&A, 2003.

NIETZSCHE, F. **Assim falou Zaratustra**. São Paulo: Martin Claret, 2012.

NYQUIST, H. Certain factors affecting telegraph speed. **The Bell System Technical Journal**, v. 3, p. 324-346, abr. 1924. Disponível em: https://ieeexplore.ieee.org/document/6773395. Acesso em: 11 set. 2024.

PARISH, N. **Henri Michaux**: Experimentation with signs. Amsterdam: Editions Rodopi, 2007.

PARK, R. E.; BURGESS, E. W. **The City**: Suggestions for the Investi glltion of Human Behavior in the Urban Environment. Chicago: The University of Chicago Press, 1984.

PAZ, O. Introduction. *In*: MICHAUX, H. **Miserable miracle**. New York: New York Review of Books, 2002.

PIAGET, J. **Judgement and reasoning in the child**. Abingdon: Routledge, 2002.

PIGNATARI, D. **Semiótica e literatura**. Cotia, SP: Ateliê Editorial, 2010.

PLATÃO. **Diálogos**: Fedro, cartas, o primeiro Alcebíades. Belém: Universidade Federal do Pará, 1975.

PORTELLA CASTRO, V. **O corpo como meio para metáfora**. Tese (Doutorado em Letras) – Instituto de Letras, Universidade Federal do Rio de Janeiro, Rio de Janeiro, 2019.

PRECIADO, P. **Testo Junkie**: sexo, drogas e biopolítica na era farmacopornográfica. São Paulo: n.1 Edições, 2008.

PRIGOGINE, I.; STENGERS, I. **Order out of chaos**: man's new dialogue with nature. Nova York: Bantham Books, 1984.

RANCIÈRE, J. **As distâncias do cinema**. Rio de Janeiro: Contraponto, 2012.

RELAÇÕES DE CLASSE. Direção: Danièle Huillet, Jean-Marie Straub. Produção: Klaus Hellwig, Claude Nedjar, Jean-Marie Straub. Alemanha Ocidental, França, 1984, 128 min, sonoro, preto e branco.

RIVETTE, J. **Rivette**: Texts and Interviews. Londres: British Film Institute, 1978.

RODRIGUES, A. D. **Estratégias da Comunicação**. Lisboa: Editora Presença, 1990.

RODRÍGUEZ, P. **Historia de la información**. Buenos Aires: Capital Intelectual, 2012.

RODRÍGUEZ, P. La simondialisation en Amérique Latine. *In*: BONTEMS, V. (org.). **Gilbert Simondon ou l'invention du futur**: Colloque de Cerisy. Paris: Klinsieck, 2016a.

RODRÍGUEZ, P. L'information entre Simondon et Foucault, Deleuze et Simondon. *In*: BONTEMS, V. (org.). **Gilbert Simondon ou l'invention du futur**: Colloque de Cerisy. Paris: Klinsieck, 2016b.

ROSSELLINI, R. Entrevista por Fereydoun Hoveyda e Eric Rohmer. **Cahiers du cinéma**, n. 145, jul. 1963.

RUYER, R. **Néo-finalisme**. Paris: Presses Universitaires de France, 1952.

SANTAELLA, L. **A teoria geral dos signos**: semiose e autogeração. São Paulo: Ed. Ática, 1995.

SANTAELLA, L. **A assinatura das coisas**. Rio de Janeiro: Imago Ed., 1992.

SANTAMARIA, J. W. M. **La individuación y la técnica en la obra de Simondon**. Medelim: Fondo Editorial Universidad EAFIT, 2006.

SANTOS, M. **A natureza do espaço**: técnica e tempo. Razão e emoção. São Paulo: Hucitec, 1996.

SAUSSURE, F. **Curso de linguística geral**. São Paulo: Cultrix, 2006.

SAUVAGNARGUES, A. **Deleuze**: L'empirisme transcendantal. Paris: Presses Universitaire de France, 2010.

SHANNON, C. E. The Mathematical Theory of Communication. **The Bell System Technical Journal**, v. 27, p. 379-423, jul.-out. 1958. Disponível em: https://onlinelibrary.wiley.com/doi/pdf/10.1002/j.1538-7305.1948.tb01338.x. Acesso em: 11 set. 2024.

SILVA, R. A. **O trabalhador do futuro ou o futuro do humano.** Tese (Doutorado em Ciências Sociais) – Unicamp, Campinas, 2014.

SIMONDON, G. **L'individuation à la lumière des notions de forme et d'information.** Grenoble: Éditions Jérôme Millon, 2013.

SIMONDON, G. **A individuação à luz das noções de forma e de informação.** São Paulo: Editora 34, 2020.

SIMONDON, G. **Du mode d'existence des objets techniques.** Paris: Aubier, 1989.

SIMONDON, G. **Imaginación e Invención.** Buenos Aires: Cactus, 2013.

SIMONDON, G. **Communication et information:** Cours et Conférences. Chatou: Les Éditions de La Transparence, 2010.

SIMONDON, G. **Sobre la filosofía.** Buenos Aires: Cactus, 2018.

SIMONDON, G. **Curso sobre la percepción.** Buenos Aires: Cactus, 2012.

SIMONDON, G. Sur la techno-esthétique. **Papiers du College International de Philosophie**, n. 12, 1982. Disponível em: http://parrhesiajournal.org/parrhesia14/parrhesia14_simondon.pdf. Acesso em: 11 set. 2024.

SPINOZA, B. **Ética.** Belo Horizonte: Autêntica Editora, 2013.

STENGERS, I. Résister à Simondon? **Multitudes**, v. 18, n. 4, 2004, p. 55-62. Disponível em: https://doi.org/10.3917/mult.018.0055. Acesso em: 19 set. 2020.

STERN, W. **Psychology of early childhood:** up to the sixth year of age. Abingdon: Routledge, 2018.

STIEGLER, B. **Technics and Time, 1:** The fault of Epimetheus. Stanford: Stanford California, 1998.

STIEGLER, B. **Uncontrollable Societies of Disaffected Individuals:** Disbelief and Discredit. Cambridge: Polity Press, 2013. v. 2.

STIEGLER, B. Chute et élévation. L'apolitique de Simondon. **Revue philosophique de la France et de l'étranger**, 3/2006 (Tome 131), 2006, p. 325-341.

TURQUETY, B. **Danièle Huillet, Jean-Marie Straub**: "Objectivists" in Cinema. Amsterdam: Amsterdam University Press, 2020.

UEXKÜLL, J. von. **A foray into the worlds of animals and humans**; with a theory of meaning. Minneapolis: University of Minnesota Press, 2010.

UM CONTO DE MICHEL DE MONTAIGNE. Direção: Jean-Marie Straub. Produção: Arnaud Dommerc. França, Suíça, 2013, 33 min., sonoro, colorido.

VIANA, D. **O esquema operatório da moeda**: corpo, imagem e transindividual. Tese (Doutorado em Ciências Humanas) – Faculdade de Filosofia, Letras e Ciências Humanas, Universidade de São Paulo, São Paulo, 2018.

VIANA, D. A afeto-emotividade em Simondon e o conceito de desejo. **Kriterion**, v. 60, n. 144, Belo Horizonte: set./dez. 2019. Disponível em: https://doi.org/10.1590/0100-512x2019n14403dv. Acesso em: 11 set. 2024.

VIDAS SECAS. Direção: Nelson Pereira dos Santos. Produção: Nelson Pereira dos Santos, Luiz Carlos Barreto. Sino Filmes, 1963. VHS, 103 min., sonoro, preto e branco.

VILALTA, L. P. S. **A criação do devir**: ética e ontogênese na filosofia de Gilbert Simondon. Dissertação (Mestrado em Filosofia) – Faculdade de Filosofia, Letras e Ciências Humanas, Universidade de São Paulo, São Paulo, 2017.

VIRILIO, P. **Guerra e Cinema**: a logística da percepção. São Paulo: Boitempo, 2005.

VIRNO, P. **Cuando el verbo se hace carne**: lenguaje e naturaleza humana. Buenos Aires: Ediciones Tinta Limón, 2005.

VOSS, D. Simondon on the notion of the problem: a genetic schema of individuation. **Angelaki**: Journal of the Theoretical Humanities, v. 23, n. 2, Taylor & Francis Online, abr. 2018. Disponível em: https://www.tandfonline.com/doi/full/10.1080/0969725X.2018.1451471. Acesso em: 11 set. 2024.

WEAVER, W. Recent contributions to the mathematical theory of communication. *In*: SHANNON, C. E.; WEAVER, W. **The Mathematical theory of communication**. Urbana: The University of Illinois Press, 1964.

WHITEHEAD, A. N.; RUSSELL, B. **Principia Mathematica**. Cambridge: Cambridge University Press, 1910.

WIENER, N. **Cybernetics**: or Control and Communication in the Animal and the Machine. Cambridge: The MIT Press, 1965.

WIENER, N. **The human use of human beings**: cybernetics and society. London: Free Association Books, 1989.

WIENER, N. **I am a mathematician**: the later life of a prodigy. Cambridge: The MIT Press, 1964.

WISNIK, J. M. **O som e o sentido**: uma outra história das músicas. São Paulo: Companhia das Letras, 1999.